Gedersberg, im Nov. 89

Wer mit einem Baum sprechen kann, braucht keinen Psychologen...

Für Ellen und Peter – viel Freude beim Entdecken eigener Baumgeschichten. Vom Christian

Huber / Wolkinger / Wölfl / Tauß: Baumbuch

L&L

Fritz Huber / Christian Wölfl / Franz Wolkinger
Franz Tauß

Baumbuch

Wegweiser für den Menschen

L&I

Universitätsverlag
Leuschner und Lubensky

ISBN 3-900918-07-4

Gesamtherstellung: M. Theiss, A-9400 Wolfsberg
Umschlaggestaltung: Paul Mangold
Umschlagfoto: Christian Jungwirth
Fotos für den Vor- und Nachsatz: Erich Bohlander
Farb- und Schwarzweißfotos im Text:
Erich Bohlander und Univ.-Prof. Dr. Franz Wolkinger

Vorwort

Im Staunen über die von Menschen geschaffenen Wunderdinge hat sich unsere Beziehung zu den Wundern nichtmenschlichen Lebens verschlechtert. Durch die fast ausschließlich auf Nutzen ausgerichtete Weltanschauung, in der Freude an Produktivität und Wirtschaftswachstum wichtigster Lebensinhalt wurde, ging die Ehrfurcht vor der Natur weitgehend verloren.

In dem Bestreben, die Welt zu verändern und zu gestalten, ist der Grundkonflikt in der Beziehung zwischen Mensch und Natur vorgegeben. Wir erleben die Abhängigkeit von ihr in unserer Sehnsucht nach Emanzipation neurotisch. So wie bei den meisten von uns die Eltern-Kind-Beziehung im Sinne von Sigmund Freud gestört ist, so ist es auch die Mensch-Natur-Beziehung im Sinne von Konrad Lorenz. In beiden Fällen ist schon allein das Bewußtmachen der gestörten Beziehung wesentliche Chance.

Langsam wird uns bewußt, daß der Mensch gegenüber der ihn umgebenden Natur, der er selbst entstammt, nicht Sieger sein kann. Wenn er nicht sein Denken und Fühlen ändert, wird er bereits in wenigen Generationen selbst Zwischenspiel auf dieser Erde gewesen sein. Es ist jedoch Ausdruck einer hoffnungsvollen Bewegung in der Tiefe unserer Seele, daß viele Menschen sich bemühen, diese Naturbeziehung zu verbessern, für die die Baumbeziehung ein Symbol geworden ist.

Wenn diese mächtigen Lebewesen an uns zu erkranken beginnen, wenn unsere Abfälle die Wälder der hochtechnisierten Länder sterben lassen, wenn die Regenwälder für den Preis weniger Ernten zerstört werden, wenn wegweisende Baumgestalten von den Rainen im landwirtschaftlichen Maximierungswahn entfernt werden, wenn Alleen in den Städten dem Verkehrsfluß weichen müssen, dann wird uns über die Bedrohtheit der Bäume die eigene Bedrohtheit bewußt, dann stirbt nicht nur etwas in der Umwelt draußen, sondern immer mehr an Lebendigem in uns, dann werden die baumentleerten Städte äußerer Ausdruck unserer seelischen Leere, dann werden die baumfreien Felder Symbole unseres Naturvergessens.

Eine Veranstaltung des Österreichischen Naturschutzbundes in Hartberg (Herbst 1988) zum Thema „Bäume“ sollte deren existentielle Bedrohung einerseits, deren Bedeutung für unser Seelenleben andererseits bewußtmachen. Den Referenten ist es gelungen, diesem Ziel derart gerecht zu werden, daß der Wunsch entstand, die in den Vorträgen dargelegten Gedanken und Gefühle auch einem größeren Leserkreis zu eröffnen.

Herrn Dieter Schöller vom Vorstand des Österr. Naturschutzbundes ist zu danken, daß er die Wege dazu ebnete und in Peter Strallhofer, Universitätsverlag Leuschner & Lubensky, einen Verleger fand, dem dieses Thema auch ein persönliches Bedürfnis ist.

(Hans Rieger) (Reinhold Glehr)

Christian Wölfl

Der Baum und die menschliche Psyche

Zur Natur des Baumes und zur seelischen Gestalt des Menschen

Die Natur des Baumes eröffnet sich uns sehr eindrucksvoll in seiner Gestalt, in seiner Gestaltvielfalt und in seinem Gestaltwandel.

Die *Gestalt* des Baumes beeindruckt uns durch seine für Einzellebewesen einzigartige Größe, die raumfordernd und raumgebend zugleich ist. Diese Größe macht den Einzelbaum in der Landschaft zum Wegweiser, zur herausragenden Besonderheit, zum beruhigenden Ziel. Diese Größe macht die Baumgruppe oder den Wald zu einem eigenen Raum, der Enge, Gefahr, Undurchdringlichkeit, aber auch Geborgenheit, Schutz und Friedlichkeit vermitteln kann.

Die Gestalt des Baumes kann symbolisch für Erdverbundenheit, Beständigkeit in seiner Verwurzelung, für Kraft, Festigkeit und Streben-Nach-Oben stehen. Sie deutet Tragfähigkeit und Belastbarkeit in seinen Ästen, Beweglichkeit und Lebhaftigkeit in seinen Zweigen und Blättern an. Stoff, Kraft und Geist haben zu einer Form zusammengefunden, in der ihre Gegensätze und Widersprüche aufgehoben erscheinen. Die Gestalt des Baumes macht durch innere und äußere Bewegung Gewordenes erlebbar, das durch Zusammenwirken von Sonne, Wasser und Erde Hervorgebrachte, das Überzeitliche und doch Vergängliche, die Harmonie in Spannung und Widerspruch.

An der Vielfalt der Baumgestalten ist die Gegensätzlichkeit und Polarität der menschlichen Person zu erkennen. Diese Widersprüchlichkeit vermittelt dem Menschen auch Energie für seelisches Wachstum. Die Erkenntnis des Gegensatzes sollte aber nicht bei der Unterschiedlichkeit haften bleiben, sondern Zusammengehörigkeit und Ergänzung bewirken.

Die Gestaltvielfalt des Baumes zeigt uns individuelle Lebensgeschichte im Wechselspiel von Entfaltung, Bedrohung, Abwehr und Neuordnung. Kaum sonst wo in der Natur ist die Einmaligkeit der Lebensgeschichte so erfahrbar wie aus der durch sie geprägten Gestalt eines Baumes. Ihre Wahrnehmung hilft uns, das Wechselspiel von Kräften besser zu verstehen und macht uns die unermeßliche Fülle der Erscheinungsformen – auch der menschlichen – in der Natur deutlich.

Der Gestaltwandel des Baumes über das Jahr macht uns die ewige Wiederholung des Wunders der Vegetation bewußt: das Grünen, Blühen, Früchtetragen und Sich zur Ruhe-begeben. Das Werden und Vergehen und dabei das Beständig-Sein in dieser Wiederholung. Den Rhythmus des Lebendigen und die Grundgesetzlichkeit des Kosmos.

Gestalt, Gestaltvielfalt und Gestaltwandel des Baumes helfen uns in unserer Selbstwahrnehmung, helfen uns unsere geistig – seelisch – körperliche Existenz besser zu verstehen. Der Baum als Hilfe menschliches Wesen, menschliche Ganzheit zu erahnen. Die Baumgestalten ziehen unsere Blicke, unsere Sinne immer wieder auf sich. Wir suchen sie aus einer tiefen Ur-Sehnsucht heraus. Ihre Wahrnehmung bindet uns, klärt und formt unsere geistig-seelischen Kräfte und verhilft uns zu einem harmonisierteren, friedvolleren Leben.

Alles, was zur Ganzheit des Baumes gehört, kann mit dem Mensch-Sein in Beziehung gebracht werden.

Martin Buber, der große Denker über die Beziehungshaftigkeit des Menschen drückt diesen Zusammenhang so aus:

„Kein Eindruck ist der Baum,
kein Spiel meiner Vorstellung, kein Stimmungswert,
sondern er leibt mir gegenüber und
hat mit mir zu schaffen, wie ich mit ihm – nur anders.
Man suche den Sinn der Beziehung nicht zu entkräften.
Beziehung ist Gegenseitigkeit." [1])

Die für viele Menschen bestehende Sehnsucht nach dem ganzheitlichen, heilmachenden Erleben kann durch den Archetypus Baum gestillt werden. Baum-Beziehungen in sich zu finden und damit sich besser zu entdecken, ganz zu werden heißt die Symbolsprache verstehen zu lernen. So können wir sagen:

„Das ist mein Baum, der ist ganz wichtig, von ihm ist viel in mir!" Dies bedeutet, daß wir dabei die unbewußten Ahnungen unserer Seele nicht ablehnen und nicht scheuen, vor denen das Bewußte noch scheu ist.

Der Baum als Symbol

Das Symbol, „die älteste Sprache der Menschen" (R. Huyge), ist als Baum ein ganz besonderer Träger von Bedeutung und Deutung geworden. Der Baum als eines der größten Sinnbilder des Lebens drängt dazu, daß wir ihn ins Bewußtsein rufen.

Der Bedeutungsträger Baum ist so tief eingebildet in unserer Seele, daß das Unbewußte dieses Sinnbild immer wieder neu hervorbringt. Das tiefschichtig Unbewußte, das den größeren Teil unseres Innenlebens beherrscht, zeigt uns die geheimnisvolle Bezogenheit, die Verwandtschaft aller Lebewesen.

Das Sinnbild Baum, welches das Bild unserer Sinne bewegt, kann die Wesenhaftigkeit des Menschen erhellen.

Das unergründliche Reich des Unbewußten kann durch das Phänomen Baum in ungeahnte Bahnen gelenkt werden. Die Verbindung zu diesen Urgründen, wo es die geheimnisdunklen Seiten des kollektiven Unbewußten und des persönlichen Unbewußten gibt, ist geprägt vom Erleben und Erkennen des Einzelmenschen.

So gibt es für den Einzelnen die ganz individuelle „Privat-Baum-Symbolik“ zusätzlich zur kollektiven Baum-Symbolik.

Die Aussagen über den Baum, die wir meist ohne tieferes Bewußtsein machen, die als verkürzte Baumgleichnisse gemacht werden, sind wie Zeichen dafür, daß Bäume eine Aufgabe haben.

In den Ausdrücken und Redewendungen vom träumenden, verwundeten, klingenden, nackten, stillen, ehrwürdigen, schlafenden, mächtigen, verzauberten und märchenhaften Baum deuten wir an, was unzählige Dichter, angeregt durch die Gestalt des Baumes, vermittelt haben.

So ist der Baum immer wieder der Ort der Begegnung mit sich selbst. Er wird zum Spiegelbild der menschlichen Seele in allen möglichen Schönheiten und Verzerrungen. Denken und Fühlen des Menschen werden durch diese Begegnung angesprochen.

Im Kleid des unerschöpflichen Symbols Baum zeigt sich die unbegreifliche Absolutheit des Überzeitlichen und die Relativierung im Zeitlichen, das Wunschhaft-

Erträumte und das Wirklich-Erfahrene, das Profane und Religiöse. Im Baum sind Erwartetes, Erwünschtes, Verdrängtes und Bewußtes symbolhaft vorhanden und wollen entschlüsselt werden.

Es geht darum das Undurchschaubare, Nichtbewältigte zu erkennen und zu lösen.

Alles dies ist im Baum. In der Erde eingewurzelt. In die Weite und Höhe ausschauend. Erdhaft gebunden und über-irdisch zugleich. Baum als bildhafte Vermittlung zwischen Unten und Oben, Hell und Dunkel, Gebundenheit und Freiheit, Erde und Himmel, Glück und Unglück, Gut und Böse . . . So dient uns der Baum als Erkenntnis, daß der Mensch ohne die Natur undeutbar ist.

So kann der Baum für den Menschen stehen. Und der Mensch muß nicht an seiner Ähnlichkeit mit dem Baum zweifeln.

Mit sehr deutlicher Symbolkraft und „einschneidend" wird die frühe Liebesbeziehung von Menschen an den Baum gebracht. Vorwiegend an bestimmende, markante Bäume. Es ist so, als ob die wachsende Verliebtheit der jungen Menschen vom lebenden Baum besonders gut begriffen werden würde. Wenn Liebende ein Herz oder ihre Namen in die Rinde schneiden, so wächst ihre eingekerbte Liebe mit.

Der „Baum der Liebe" wird zum Zeugen. Die Sicherung des Liebesglücks wird durch die Kräfte, die im Baum wohnen, mitgetragen.

Auch im Maibaum wird diese Vergewisserung von Glück und Segen manifestiert. Mensch und Baum verschmelzen zu einer geheimnisvollen Lebenseinheit. Der Symbolcharakter des Baumes bekommt eine besondere Aussagequalität. Besonders deutlich wird dies bei der Geburt eines Kindes, wenn der neu gepflanzte Baum als bleibendes Zeichen der Freude über das neue Leben dient. Er wird zum mitwachsenden Beschützer und Gefährten, der auch Gefahren bannen soll. Später wird dem Kind dieser gleichzeitig „geborene“, in die Erde gepflanzte Bruder zur Pflege und Obhut anvertraut.

Baumseele und Menschenseele werden im Lebensbaum (der Baum des Lebens ohne Tod) in besondere Verbindung gebracht. Besonders mit der erwähnten Pflanzung eines Baumes nach der Geburt und am Grab eines geliebten Menschen. So ist das Geheimnis des Baumes immer wieder der Wechsel vom Tod zum Leben.

Im Bild des Baumes vergegenwärtigt sich die Suche des Menschen nach dem Urbild des Lebendigen. Der Baum-Charakter zeigt Vergangenheit und Gegenwart, Diesseits und Jenseits auf.

Die Lebensverheißung ist im Baum durch sein Aufgerichtet-Sein, seine stützende Kraft und sein Nahrung-Spenden ausgedrückt.

In der Kunst, im besonderen in der Malerei und Bildhauerei, wird immer wieder der Baum zum Anlaß genommen, sich symbolhaft zu entäußern.

Wer erinnert sich nicht der griechischen Sage von Philemon und Baucis, jenem armen, alten Ehepaar, dem Jupiter eine Bitte freistellte. Sie wünschten sich einen gleichzeitigen Tod. Und Gott hat ihren Wunsch mehr als erfüllt: Er verwandelte sie im hohen Alter in Bäume, in eine Eiche und in eine Linde. Der Baum, der alljährlich lebt und stirbt, wird zum Träger menschlicher Jenseitshoffnungen.

Tiefe christlich-religiöse Überzeugungen treffen im Weihnachts-, im Christbaum zusammen. Es ist der Lebensbaum des neugeborenen Gottes.

In der Gleichsetzung des Paradiesbaumes als Baum

des Lebens mit dem Christuskind wird der Christbaum zum Abbild des Sohnes Gottes.

Der Baum als Geschöpf

Es geht um die beziehungstiefen, innigen, zärtlichen und Nähe vermittelten Zugänge zum Natur-Geschöpf Baum.

Zu dem schwesterlichen und brüderlichen Geschöpf Baum. In dieser Geschwisterlichkeit liegt etwas Vertrautes.

So ist auch eine größere Bejahung der eigenen Geschöpflichkeit mitverbunden. Ich nehme den Baum in seinem Selbst-Wert ernst. Ich löse meine Angst vor der Natur in mir auf. Ich gewinne mitfühlende Haltung und kann meine Fülle in mir leben. Wir begreifen uns selbst, wenn wir Bäume verstehen.

„Wer Bäume pflanzt, liebt sich und andere."

(Englisches Sprichwort)

Der Baum lehrt mich Beständigkeit, Geduld und Warten-Können. Ich verliere dabei meine Ichhaftigkeit und Menschenferne und es ist durchaus möglich mehr Kontakt und Zugang zum Mit-Menschen zu gewinnen. Baum-Geschöpfe sind für die menschliche Persönlichkeitsentwicklung ein Anruf, sich der Vergangenheit und Vorzeiten zu erinnern, sich die Geschichte der Väter und Mütter anzuvertrauen. Baumnatur als Möglichkeit der Bereicherung und Entfaltung seelischer Kräfte im Menschen. Die Lebens-Bejahung wird angeregt, Lebens-Freude und Lebens-Gefühl können Gestalt bekommen.

Der Baum hat eine so umgreifende, geschöpfliche Wirklichkeit in sich, daß sie bis an die Grenzen der

Gotteserfahrung reichen kann. Gleichzeitig ist sie so unverfügbar, daß der Mensch sich immer wieder von ihr beschenkt weiß.

Der Baum vermag dem Menschen in seinen Möglichkeiten zu verkünden, daß er durch das Hinein- oder Hinaufwachsen in den Himmel, sich von der Erde abheben kann, die Freiheit hat zu träumen, daß Entwicklung und Wachstum in viele Richtungen möglich sind. Daß es den elementaren Wunsch gibt, über sich hinaus zu wachsen und seine Grenzen zu überschreiten.

Und wenn der Mensch die eigene Überheblichkeit, seine Hybris, beschreiben will, so gibt es das biblische Beispiel dafür, daß Gott die Bäume nicht in den Himmel wachsen läßt, denn er hat alle dem Tod unterworfen.

Der Baum als eine Veranschaulichung von Sicherheit und Ordnung, dessen Fundament den Grund der Unterwelt bedeckt und dessen Spitze in den Himmel reicht.

Mit dem Baum wachsen für den Menschen die Hoffnungen mit der Angst zurechtzukommen. Dazu dienen auch die lebensfördernden „Gaben“ eines Baumes:

> Schatten und Ruhe spenden, Sich-Versammeln,
> Recht-Sprechen, Beraten, Feste feiern,
> Essen und Trinken, Singen, Tanzen und Beten.

Der Mensch wird unter der Baumfülle zum Empfangenden. Er schöpft vom Mit-Geschöpf Baum.

Es sind immer wieder die Ausdrucksformen der Gemeinschaft, der Entscheidungsfindung, der Freude und der Gottbeziehung. Der Baum wird zum Sinnbild dessen, was auch in der menschlichen Selbstwahrnehmung grundgelegt ist.

Der Mensch hat das Bedürfnis sich mit dem Baum zu vergleichen. In diesem Vergleichen mit dem Baum werden Erlebnisse versprachlicht, die auf die unterschiedlichen, „baumhaften" Lebensbilder bezogen sind:

- ☆ Ich kann mich an jemandem aufrichten, wie an einem Baum.
- ☆ Mein Glaube war wie ein mächtiger Baum.
- ☆ Ich blühe auf wie ein Baum im Frühling.
- ☆ Ich hing an meinem Vater, wie an einem festen, unerschütterlichen Baum.
- ☆ Dieser Mensch war würdevoll wie ein Baum mit einer schönen Krone.
- ☆ Der Mensch ist verwurzelt in seiner Familie wie ein starker Baum.
- ☆ Ich war ausgetrocknet wie eine dürre Wettertanne.
- ☆ Ich fühlte mich geborgen bei meiner Mutter, wie unter einer mächtigen Linde.

Diese und ähnliche Aussagen meinen, daß der Baum von der äußeren zur inneren Wirklichkeit wird und somit zum lebendigen Bezug, zum menschlichen Sein werden kann. Die Fühlungnahme mit den geistigen, magischen und göttlichen Kräften in der Baumnatur gibt uns naturhafte Geborgenheit und instinktgerechte, „natürliche" Sicherheit. Nicht die vernunftgemäßen Erkenntnisse und Zusammenhänge sind es, die uns helfen, seelische Harmonie zu finden, sondern das emotionale Begreifen, das sinnliche Schauen, das gemüthafte Erfassen und das kindliche Erstaunen.

Bei der Suche nach Baum-Identifikationen, nach persönlich erlebten Baum-Gefühlen werden meist sehr offene Empfindungen vermittelt.

Auf die Frage: „Was ist für Dich ein Baum?; Wie wirkt ein Baum auf Dich?“ antworteten Menschen unterschiedlichen Alters:

☆ Bäume vermitteln mir Wohlgefühl
☆ Ein Baum ist aus einem Stoff, der zu mir gut ist
☆ Ein Baum stimmt mich positiv
☆ Mein Baum macht mich optimistisch
☆ Ein Baum gibt mir die Chance, mich zu finden
☆ Ich habe einen Baum, der mich zur Einfachheit führt
☆ Der Baum gibt mir meine Identität
☆ Jeder Baum ist eine starke Individualität
☆ Ein Baum zeigt mir die bunte Vielfalt des Lebens
☆ Das Holz vom Baum empfinde ich wie Brot
☆ Ich bin ein Baum-Liebhaber und manchmal bin ich sogar baum-süchtig
☆ Bäume sind wie stille Geschenke
☆ Bei einem Baum wird mir nie langweilig
☆ Ich hatte einen Baum der Kindheit, der mich oft getröstet hat
☆ Beim Anlehnen an den Baum bekomme ich Wärme
☆ Durch meinen Baum fand ich die Stille in mir
☆ Mit den Bäumen kann ich manchmal reden
☆ Ich habe einen Freund – einen Kastanienbaum
☆ Ich kenne Bäume, die mich ermahnen und zur Besinnung rufen
☆ Wenn ich die Schönheit der Bäume sehe, empfinde ich mich selbst wieder gut und schön

---

Bild rechts: Bäume vermitteln mir Wohlgefühl

☆ Damit meine Liebe nicht stirbt, pflanze ich einen Baum
☆ Mit manchen Bäumen fühle ich mich verwandt
☆ Bäume sprechen alle meine Sinne an
☆ Ich kann Bäume gut riechen
☆ Ich komme nie ganz hinter das Wesen der Bäume – sie sind ein Geheimnis
☆ Mein Baum hat eine besondere Melodie
☆ Unter den Bäumen spielte ich am liebsten
☆ Auf den Bäumen bekam ich die besten Ideen
☆ Beim Hinaufklettern auf den Baum wurde ich freier
☆ Ein Baum ist wie das volle Leben
☆ Bei den Bäumen im Wald werde ich wieder frisch
☆ Wenn ich zu den Bäumen gehe, kriege ich Kraft
☆ Bäume können Glück bringen
☆ Mein Baum macht mich ganz friedlich
☆ Würden jene Menschen regieren, die Bäume lieben, hätten wir weniger Krieg
☆ Bäume machen mich gesund
☆ Wenn ich bei meinem Baum bin, habe ich keine Angst vor dem Sterben
☆ Wenn ich an Bäume denke, bekomme ich Ehrfurcht
☆ Mein Lieblingsbaum nimmt mir Angst
☆ Der Baum der Erinnerung ist wie ein Theaterstück
☆ Wenn ich einen Baum fälle, bitte ich ihn vorher um Verzeihung
☆ Bei bestimmten Bäumen kann ich richtig beten
☆ Im Baum spricht Gott zu mir
☆ Ohne Baum gibt es kein Paradies

Die verwandtschaftlichen, vergleichenden Berührungen zwischen Mensch und Baum zeigen sich auch in der aufrechten, oftmals geradezu „mannhaft“-stolzen, zum

Himmel weisenden Haltung. Beide, Mensch u. Baum sind beseelt von dem Wunsch zu wachsen, zu blühen und Früchte zu tragen. Dies wie kaum bei einem anderen Lebewesen.

Die engen wesen- und gestalthaften Beziehungen zwischen Mensch und Baum haben dazu geführt, daß der Mensch seit Anbeginn mit dem Baum Identifikationen gefunden hat. Darin wird er auch zum Schützer und Zufluchtsort des Menschen.

Der Baum und die Sinne des Menschen

Ein Baum kann Schule für die menschlichen Sinne werden. Bäume wirken auf viele Menschen wie stille Lehrmeister. Das Unbewußte der menschlichen Sinne bekommt durch die Sinnenhaftigkeit des Baumes Nahrung. Diese Verfeinerung der Sinne aus dem Baum ist unerschöpflich. Wenn wir Baum-Sinne fördern, entsteht auch eine Baum-Beziehung. Diese bringt einen Rhythmus in unsere Gedanken und Ideen, in das Fühlen und Gemüt sowie in unser Tun und Handeln.

Wir können Staunen und Bewundern und sogar Angst vor diesen größten Lebewesen der Erde gewinnen und gleichzeitig die verborgensten Empfindungen der Zärtlichkeit, Sanftheit und Vertrautheit erleben.

Die Bereicherung der Sinne erhöht unsere Beeindruckbarkeit, unsere Sinnenhaftigkeit, unsere Sinnhaftigkeit. Bäume können uns sensibilisieren. Eine Baum-Meditation kann sinn-gebend sein. Indem ich mich in der Vielfalt der Sinne ansprechen lasse, bekomme ich auch einen bewußteren, sinn-volleren Umgang mit mir selbst.

Über die Reize des Baumes durch Veränderung und

Verwandlung, über seine Festigkeit und Beständigkeit, über seine Schönheit und Stärke, durch die tiefen Wurzeln und die übermenschliche Höhe können wir unseren eigenen menschlichen Geheimnissen auf die Spur kommen.

Vom Sehen und Erschauen

Im Umgang mit der Natur spielt das Auge die größte Rolle. Im Blick auf die Natur-Erscheinungen, im Schauen öffnet sich die Unendlichkeit. Durch das Augenmaß, den Sinn für Schönheit können wir zum ästhetischen Sinnbild kommen.

Wenn die Gestalt, der Wuchs, die Farben, der Gesamteindruck und die Details eines Baumes zur „Augenweide“ werden, so sieht unser sinnsuchendes, geistiges Auge mehr als die äußere Form, es kann bei sich selbst optische Baum-Qualitäten wahrnehmen.

Für den Menschen hat die augen-scheinliche, sinnliche Baumgestalt die Aufgabe, ihm die Ausgewogenheit von Individuum und Kosmos vor Augen zu führen. So kann der Baum zur ästhetischen Energiequelle, zur bildhaften Orientierung werden. Der Mensch, der den Baum mit dem Augen-Sinn wahrnimmt, kann durch baumhafte Ästhetik in sich Schönheiten ausbilden.

Der Baum als Einzelwesen verlockt im besonderen das menschliche Auge durch das Näherkommen in die Tiefe, in das Detail zu blicken. Vom großen, oberflächlichen Schauen zum präzisen, genauen Betrachten zu kommen.

Vom Tasten und Spüren

Durch das Angreifen des Baumes wird seine äußere Körperhaftigkeit und im besonderen seine Haut, die Rinde „begriffen".

Wir bekommen durch diesen Sinn von der Vielfalt der unterschiedlichen und gegensätzlichen Merkmale eine Ahnung. Wir können die Rauhheit und Zartheit, die Härte und Weichheit, die Grobheit und Feinnervigkeit über die Berührung mit dem Baum in uns selbst erahnen. Mit der Beschaffenheit des Baumes ist somit wieder unsere menschliche Eigenartigkeit angesprochen. Durch das leibliche Berühren, das Streicheln, das tastende Erfühlen des Baumes kann der menschliche Wärmesinn angesprochen werden. Der Mensch kann sich gestärkt, getröstet fühlen.

Vom Riechen und Schmecken

Die Unterschiedlichkeit der Baum-Säfte und -Düfte, die vielfältigen Nuancen der Harze und Öle sprechen uns Menschen so an, daß wir instinktiv auch ihre Heilkräfte wahrnehmen können.

Es gibt Menschen, die die verschiedenen Bäume und damit die Holzarten am Geschmack unterscheiden können. Und wenn die Menschen das frische Holz der Bäume riechen, dann wird ihnen über diesen Sinn wieder eine neue Unterschiedlichkeit bewußt. Und es entstehen Zu- und Abneigung. Diesen Baum, dieses Holz kann ich gut „riechen" oder vertragen, jenes weniger.

Mit den Baumgerüchen, vor allem, wenn sie aus frühen Erlebnissen der Kindheit stammen, sind seltsame Erinnerungen und Gefühle verbunden.

Jeder Baum hat auch eine eigene Melodie. Das vielbesungene Rauschen der Bäume oder das Singen der Wälder, das Knarren der Äste, der Laut der fallenden Blätter kommen uns in den Sinn. Die Vielfalt der musikalischen Ausdrucksformen, die aus den Hölzern der Bäume gewonnen werden, zeigt vom Reichtum dieser Sinnes-Beziehung im Baum.

So ist die Aussage möglich, daß Musik im Baum ist.

Die ersten Primitiv-Instrumente der Menschen kamen vom Baum. Und die erlesensten und kostbarsten instrumentalen Schöpfungen sind aus dem Holz ausgewählter Bäume. Immer wieder ist es die Wirkung der Töne aus dem Klang des Holzes auf die menschliche Seele.

Wenn der Mensch in einen Baum hineinhorcht, zum Lauschenden wird oder ganz Ohr ist, kann er Stimmen vernehmen, die wiederum menschliche Sinne direkt ansprechen.

Wenn ich die Sinneseindrücke und Sinnesanregungen durch den Baum zusammenfasse, so kann er als Teil unserer psychischen Heimat bewertet werden. Er wird zu einem sehr wichtigen Sinnes-Träger menschlicher Erlebnisse, Gefühle und Sehnsüchte.

Durch die sinnhaften Gesetze des Geschöpfes Baum können wir uns menschlich erneuern und beeinflussen lassen.

Die sinnliche Beziehung zur Mannigfaltigkeit des Baumes kann die menschlichen Sinnesveranlagungen intensivieren. Wir können aus der Einengung heraustreten und den Baum als eine wesentliche Idee für uns entdecken.

Die medialen Möglichkeiten des Baumes sind für unsere Sinne geradezu unerschöflich. Sinnesschulung durch den Baum.

Die oftmals sinn-lose Perfektion menschlicher Zivilisation kann durch das Beispiel Baum abgelegt werden. Wir können uns von Zwängen befreien, uns das Wachsen, Reifen und Altern bewußt machen und uns an die Vergänglichkeit erinnern.

Der Mensch kann wie ein Baum mit Würde alt werden und sterben. Lin YUTANG, ein moderner Chinese, sagt es über die Föhren so:

> „Wie alte weise Männer verstehen sie alles,
> aber sie reden nicht
> und darin liegt ihr Geheimnis und ihre Größe."

Unter den Baumliebhabern, unter den Baum- und Waldmenschen, gibt es unerkannte und unbekannte Weise und Künstler, heimliche Dichter, Maler und Musiker. Sie nehmen die Baum-Inspirationen durch ihre Sinne auf und drücken sich künstlerisch aus.

Baum und Wald werden für viele Menschen zum Grunderlebnis künstlerischer Gestaltung. Das Sichtbare, Fühlbare, Beschreibbare, Malbare und Hörbare am Baum wird zum Gleichnis.

Und vermutlich die künstlerisch wichtigste Botschaft:

DER FRIEDE WIRKT IM BILD DES BAUMES

Wir Menschen können den Sinn des Lebens nicht mit den Händen greifen, doch über die sinnlichen Erfahrungen kommen wir näher an ihn heran. Und eine besonders starke sinnliche Nähe bietet die Natur des Baumes.

Wir benötigen den Baum – er kann auch seelische Nöte wenden helfen. Die menschliche Persönlichkeit braucht die Baum-Persönlichkeit. Wir können uns die Pflanze Baum für neue Offenbarungen holen. Und durch sie Heilung und Erholung gewinnen.

Es ist wichtig für das seelische Gesundsein des Menschen eine wachsende Sensibilität für das Heilbringende aus dem Baum zu entwickeln.

Als ein Beispiel für die heilenden Möglichkeiten im Lebewesen Baum sei eine gut fundierte, tiefenpsychologisch-therapeutische Methode, nämlich das KATATHYME BILDERLEBEN erwähnt. Kata thymos (griech.) bedeutet die Bilder deuten oder erleben aus den Gefühlskräften, aus der Emotionalität. Dieses Verfahren basiert auf der menschlichen Fähigkeit zu „Bildern", d. h. bildhaft vor dem inneren Auge zu schauen, was an Bedürfnissen, Spannungen und Ängsten im Erleben des Menschen zur Gestaltung drängt. Der Symbolcharakter der Bilder wird zur psychotherapeutischen Arbeit verwendet. Wir können sie als die Tore zum Unbewußten erleben und diese Bilder können als die Wege zum Unter- und Unbewußtsein auch ins Dunkle, ins Angstbesetze führen. Ein Beispiel soll dies zeigen:

Eine Patientin sieht einen Baum, der am Stamm eine Spaltung aufzeigt und die Blätter abwirft. Wochen später erkrankt sie an einer unheilbaren Leukämie. Im Bild des Baumes wurde das Unsagbare sagbar.

Der Baum als Bildsymbol wird als eine der stärksten bildhaften Ausdrucksformen Träger von Urerfahrungen. Diese Baum – Bild – Symbole ermöglichen eine Selbstbeschreibung, eine Selbstdefinition oder regen diese an. Der Baum als Sinnbild der sich stets erneuernden Natur, der in dieser Welt wurzelt und gleichzeitig emporstrebt und über sich hinauswächst, dient dem Menschen als Spiegelbild.

Zwei Beispiele hiefür:

Ein Mann sieht einen in die Höhe schießenden Stamm und nur in der allerhöchsten Höhe eine kärglich ausgebildete Krone; dieser Baum überragt alle anderen und kann mit keinem weiteren Baum Kontakt aufnehmen.

Eine Frau stellt bei der Imagination ihres Baumes bei Berührung fest, daß seine Blätter spitz wie Nadeln sind; man muß Abstand halten, um sich nicht zu verletzen.

Bäume ohne Wurzeln, zu hohe und nicht tragfähige Stämme, beschädigte Rinden, zahlreiche Narben, kranke Blätter oder ein geringer Blattwuchs, Fruchtlosigkeit – immer sind es Bilder verdichteter Erfahrung, offener als die Sprache. Sie geben Raum zur Entfaltung und Ausformung vorbewußter oder unbewußter Selbsterfahrung.

In der gezielten Anwendung der Baumbilder kann somit heilende Wirkung liegen.

Und wenn die alte Weisheit recht hat – und es ist sicher eine gute Weisheit – daß das Leid die Mutter der Bilder ist, so möchte ich den Mitmenschen, die an sich selbst leiden, die Schöpfung Baum als Heilmittel oder Linderung empfehlen, in der Rückbesinnung auf ihren bildhaften Urgrund.

In diesem Zusammenhang ist weiters der BAUMZEICHENTEST, welcher vorwiegend bei Kindern verwendet wird, anzuführen.

Die kindliche Darstellung ist der unmittelbare Baum-Eindruck. Das Kind eignet sich die symbolische Gestalt des Baumes an und vermittelt unbewußt von sich den geistigen Reifestand, einzelne Begabungsrichtungen und Fähigkeiten, vergangene und gegenwärtige psychische Vorgänge und Bewegungen, sowie das gesamte Gestalterfassen.

Dieses psychodiagnostische Verfahren zeigt vom Gesamteindruck der Zeichnung, über den Ausdruck des Striches, von möglichen primitiven Frühformen, wichtigen Details und Auffälligkeiten eine Menge entwicklungspsychologischer Hinweise. Symptome können durch die Deutung der Wurzeln, der Stammbasis und -kontur, der Astgestaltung, der Schattierung, der Koordination sowie der Links- und Rechtsbetonung gefunden und verwertet werden.

Der Baum ist auch eines der hervorragenden Beispiele für ein häufig vorkommendes Traummotiv, das viele verschiedene Bedeutungen haben kann. Es meint seelische Reifung, Wachstum und Differenzierung der Person. Es kann aber auch Opfer oder Tod darstellen. Und es kann ein phallisches Symbol sein.

Das Gesicht, die Physiognomie, die äußere Erscheinung der Bäume wirkt hinein in die tiefen Schichten unseres Wesens.

Über die verschiedenen Traum-Therapien können auch Bäume wiederum helfen, daß Menschen über sich Klarheit bekommen.

In diesem Zusammenhang soll zumindest erwähnt werden, wie stark die Bedeutung der Bäume in Märchen und Legenden, in Sagen und Fabeln für das Schicksal der Menschen ist. Darin werden die mythischen Baummotive so gegenwärtig und so klar angesprochen, daß sie für den Menschen sofort einen tiefen Sinn bekommen. Sie sind auch immer wieder Anregung für neue Aussagen.

So wird schließlich der Baum zur heilbringenden Mutter, zum mächtigen, mütterlichen Element. Der Baum, der mir Schutz und Schatten gibt, der mich vor der sengenden Sonne beschützt. Bäume, so verspüren es Menschen, die ihre Kindheit in der Nähe von Wäldern verbrachten, sind dem Weiblichen enger verbunden als dem Männlichen.

Erde und Wasser - (ebenfalls weiblich) – nähren den Baum. Aber sie ragen hinauf ins Männliche und entfalten dort ihre Krone, ihre Blüten und lassen ihre Früchte in der männlichen Luft reifen.

Auch das Feuer, das den Baum verzehren will, ist männlich.

Das Mütterliche, das Fruchtbringende, das Weibliche, das Schutzspendende findet sich im Baum.

Der Baum als Ort, wo ich wehklagen, wo ich weinen und zweifeln kann, wo ich auch Trost bekomme, wo ich Zärtlichkeit und Anlehnung, Halt und Behütet-Sein erlebe.

Der Baum und die Selbsterkenntnis des Menschen

„ . . . so wenig wie vom Baum weißt du vom Menschen, wenn du ihn in seiner Dauer ausbreitest und ihn nach seinen Unterschieden einteilst. . . . Man darf ihn nicht zerlegen, wenn man ihn kennenlernen will. . . . “ (Antoine de Saint Exupéry)[2])

Der Mensch sieht im Baum eine Kraft am Werk und möchte in seiner psychischen Energie selbst diese Fülle des Lebens besitzen. Menchen bekommen baumhafte Züge und Bäume bekommen menschliche Züge. Mächtige menschliche Erscheinungen werden durch ihre baumhafte Ausstrahlung entsprechend versprachlicht. So gibt es den „lärchenen Stipfl“ oder die unerschütterliche, menschliche Standhaftigkeit, die durch eine Eiche ausgedrückt wird, die Lieblichkeit wie die der Birken oder die beruhigende Feierstimmung einer Linde.

Erkenne Dich selbst im Baum! oder: Ich begrüße mich im Baum!

Das Bild vom Baum ist für viele Lebenslagen des Menschen tauglich und bietet somit eine psychische Hilfe. Durch die Betrachtung des Baumes kann somit ein Urwunsch des Menschen erfüllt werden, sich immer genauer zu erkennen. Was ist gut, stark, ganz und schön an mir? Was ist böse, schwach, unfrei, häßlich, unvollkommen in mir und an mir?

In den wirklich erlebbaren Stufen des Jahres- und Lebenslaufes eines Baumes spiegeln sich zugleich geistige Grundverfassungen und Entwicklungen des Menschen wieder. Es sind vielfältige Aussagekräfte und Analogiebezüge des Baumes zu unserer menschlichen Existenz zu beobachten.

Der Trost des Baumes für das menschliche Handeln besteht wohl darin, daß sein Leben nie fertig ist. Leben ist für den Menschen seit jeher das tiefste Geheimnis gewesen.

Die Stufen und Ringe des Wachsens und Reifens weisen über den Tod hinaus. Somit ist im Baum der Hinweis auf die menschliche Unsterblichkeit gegeben.

C. G. Jung zählt in der Psychologie des Unbewußten den Baum zu den Mutter- und Wiedergeburtssymbolen.

Das weibliche Prinzip des Umarmenden, Bergenden, Umhüllenden wird im Baum zu einer Wirklichkeit.

So wird der Baum auch ein Vorbild für Zelt und Haus.

Der Mensch wird in seinen wesentlichen Lebensstationen vom Baum begleitet: Die Wiege für das neugeborene Kind, das Bett zur Hochzeit und der Sarg für den Toten stammen vom mütterlichen Holz des Baumes.

Es geht immer wieder um das Sich-Einlassen mit dem

Naturbild Baum, um dann mit dem im Menschen innewohnenden Bildern eine lebendige Verbindung herzustellen.

C. G. Jung hat den Baum als Symbol für den menschlichen Individuationsprozeß genommen. Der Baum, im speziellen Beispiel der Bergföhre, wird als „kollektives Bild“ betrachtet. Und an diesem Föhrengleichnis wird von Jung der Zusammenhang zwischen dem kollektiven Unbewußten, das wiederum von den Archetypen gebildet wird, und der Entwicklung der menschlichen Psyche verständlich gemacht.

„In jeder Bergföhre ist das Bild eben der Bergföhre mit all ihren Möglichkeiten gleichsam schon im Samen angelegt, aber jeder wirkliche Föhrensamen fällt zu bestimmter Zeit an einen bestimmten Ort, und da sind viele spezielle Umstände vorhanden, wie Erdbeschaffenheit, Steine, Neigung und Windlage des Hanges und Zeit der Sonnenbestrahlung. Das ganzheitliche Wesen der Föhre reagiert auf diese Umstände zum Beispiel durch krummes Wachstum, Ausweichen vom Stein, Hinneigen zur Sonne, und so kommt dann jene einmalige, nicht wiederholbare einzelne Föhre allmählich zustande, welche die einzig wirkliche ist, denn die „Föhre an sich“ ist ja nur eine Möglichkeit oder eine Idee. Dieses Wachstum des Einzelnen, Einmaligen ist das, was Jung beim Menschen als den Individuationsprozeß bezeichnet, wobei man allerdings an zwei Aspekte denken muß.

Zunächst ist es ein unbewußt verlaufender Wachstumsprozeß, der im Menschen wie in jedem anderen Lebewesen stattfindet und durch den der Mensch sein Menschsein lebt; aber im eigentlicheren Sinn wird dieser Prozeß erst eine Wirklichkeit, wenn der Mensch sich dessen bewußt wird. Wir wissen nicht, ob die Föhre weiß, leidet, sich freut usw., wenn ihr ihre verschiedenen formenden Schicksale zustoßen. Aber der Mensch kann dieses Geschehen bewußt mitmachen und erlebt dabei gefühlsmäßig sogar, daß er in Einzelheiten durch freie Willensentscheidungen mitwirken kann. Das ist der Individuationsprozeß im eigentlicheren Sinne."[3])

Der Baum und der menschliche Kontakt

> „Es gibt adlige und unadlige Bäume;
> Bäume, die um ihrer Großartigkeit,
> und solche, die ob ihrer Gewöhnlichkeit
> berühmt sind."   Lin YUTANG

Die Sehnsucht des Menschen zeigt sich gerade in den Kontakten und Begegnungen mit außergewöhnlichen Bäumen. Die Baum-Riesen und Mammutbäume, die ältesten, größten und schönsten Bäume werden von den Menschen aufgesucht, beachtet, zum Denkmal erklärt oder wie ein Heiligtum verehrt. Sie bieten eine unerschöpfliche Deutungsenergie.

Und gerade in unserer Zeit der Bedrohung des Waldes und des Baumsterbens holen sich viele Menschen die aus Ostasien stammenden Zwergbäume in ihre Wohnungen. Die Bonsai-Kultur wird zur Freude und Mahnung für den modernen Menschen. Die Baumgestalt wird hereingeholt in das Haus, weil die Menschen nicht dort sein können, wo sie herkommt. Das im Kleinen verborgene Geheimnis wird angerührt und berührt den Menschen. Das anziehend-kindhafte Vergnügen des Menschen, daß für ihn im winzigen Baum Rätselhaftes, Verborgenes, Dunkles, Liebevolles und Zärtliches sichtbar wird. In seiner Verletzlichkeit kann der

Bonsai ein Lebensbild für den heutigen Menschen abgeben.

Es ist wohl auch der Reiz und spielerische Ernst des Menschen durch diese verdichtete Lebensschau sich inspirieren zu lassen. Vielleicht auch der Wunsch diese kleine Baumnatur in seiner Lebensnähe und Wohnumgebung zum Vorbild zu haben, um seine eigenen Lebensvorgänge richtiger, naturgerechter ordnen zu können.

So eignet sich der Baum offenbar für viele Spielarten menschlicher Erfahrung. Ob es Beständigkeit oder Mäßigung, Geduld oder Zuverlässigkeit, Stärkung durch Widerstand, Erstarken durch Leiden, Gedeihen und Wachsen durch Zuwendung und Kontakt sind – der Baum hat in seinem Wesen unzählige erzieherische Botschaften bereit.

Lassen wir uns und im besonderen unsere Kinder auch durch Bäume erziehen, damit wir eine stärkere Selbstbeziehung durch die Begegnung mit Bäumen bekommen.

Wenn Kinder sich ein Baumhaus bauen, so ist dies über das Abenteuer hinaus ein sehr umfassendes Wohlgefühl, eine nesthafte Behausung, die durch den Baum vermittelt wird.

Wenn Kinder und Jugendliche einen Baum erklettern, besteigen, bezwingen, so ist das für sie eine Herausforderung, ein Rivalitätserlebnis und das Empfinden einer beosnderen Eigen-Mächtigkeit. Selbstwert und Selbstbehauptung bekommen eine Bestärkung. Es ist geradezu eine Krönung in einer Baumkrone zu sitzen. Durch die Angsterlebnisse hindurchzugehen und in ein größeres Reich und Gefühl der Freiheit einzutreten.

Durch das Hinaufkommen auf den Baum, das Oben-Sein sind wohl auch die Selbstüberwindung, das schon erwähnte Durchleben von Ängsten, die Besiegung der unteren Mächte erlebbar.

Wie stark verinnerlicht der Baum als psychische Kraftquelle sein kann, zeigt sich an den frühen, individuellen und einmaligen Baumgeschichten aus der Kindheit.

Die Bäume der Kindheit immer wieder hervorzuholen, von ihnen zu erzählen und weiterzugeben bedeutet, daß wir aus diesen Kontakten emotionale Kräfte und Lebensimpulse bekommen. Unsere seelische Ganzheit wird lebendiger, wirklicher.

Wenn Kinder oder kindliche Menschen einen Purzelbaum schlagen, so drücken sie damit ihre gut koordinierte körperlich-seelische Befindlichkeit aus. Sie haben zu unbewußter Harmonie, zu lustvoller Selbstübereinstimmung, zu psycho-somatischer Gesundheit oder Echtheit gefunden.

Wenn eine weltweit bekannte Computerfirma den Baum als Symbol gewählt hat, so setzt sie damit das stärkste Zeichen für Kommunikation, Wachstum und Kraft. Der Baum als Ganzheit soll den Informationsaustausch mit seiner Umgebung herstellen. Und die einzelnen Zellen im Baum sind untereinander in Kontakt und haben ihre Aufgaben.

Ausblick und Zusammenfassung

Der Baum kann durch Bewußtmachung und Begegnung zum Gegenpol des nur auf das menschliche Maß bezogenen Denkens werden. Im Baum haben wir Menschen eine Verbindung zum Über-menschlichen, zum Göttlichen. So wie etwas vom unvergänglichen Paradiesbaum, vom unsterblichen Lebensbaum in uns ist,

ist auch der Baum Abbild des Vergänglichen, Sterblichen, Zeitlichen.

Der menschliche Geist hat im Baum eine sinn-gebende Möglichkeit, sich mit dem Geist der Natur auseinanderzusetzen. Die menschliche Natur und Lebenseinstellung gilt es als eine Einstellung zum eigenen „Baum-Sein“ zu begreifen. Dazu gehört Mut zur eigenen Natur, zu den seelischen Gestalten, zum Anschaulichen im Symbol Baum.

Die Botschaft des Baumes ist auch als eine erzieherische Aussage zur Einfachheit als Lebensweg zu deuten. Wenn diese Baum-Natur nicht oder zu wenig zugelassen wird, so wird die Menschen-Natur verkürzt oder überfordert.

Diese Schicht ist in jedem Menschen vorhanden und spielt eine grundlegende Rolle in der menschlichen Lebensdeutung und -entwicklung. Es geht darum, die Energien aus der Natur zuzulassen und dadurch mehr über sich und seine Möglichkeiten zu wissen.

Die Entwicklung der menschlichen Möglichkeiten im Sinne der Selbstwerdung C. G. Jungs ist auch durch das Baumerlebnis gegeben. Dann wird er mehr als das bloß vordergründige Erscheinungsbild – dann kann die ganze Psyche bereichert werden. Von meiner Wertschätzung und Beachtung hängt es ab, wie mir die äußere und innere Wirklichkeit des Baumes begegnet, ob sie lebt und atmet, wie sie zu mir spricht und was sie mir vermittelt.

So werden Bäume sprechend, an-sprechend und zugänglich. Es ist ein Brückenschlag zwischen den Außen- und Innenwelten möglich. Unser Bewußtsein wird kon-

---

Bild rechts: Durch meinen Baum fand ich die Stille in mir

kret – einfach und weniger abstrakt gestaltet. Bäume bieten sich meinem Erkennen an und offenbaren sich als das, was sie von sich selbst aus sind.

Wenn wir unserer Welt offen begegnen, wird im besonderen der Baum Sinnbild für das Leben. Was er in uns anspricht, läßt einen Sinn sehen, der über den Nutzen hinausreicht, den verborgenen Grund seines und unseres Daseins freimacht.

Im folgenden Text wird diese Lebenshaltung meditativ betrachtet:

„Ein Baum steht vor mir. Ein Baum wie viele andere, und doch einmalig. Ich schaue ihn an. Er lebt. Mein Anschauen wird Begegnung, fast ein Zwiegespräch. Je länger ich ihn anblicke, umso mehr verändert sich seine Rinde. Sie wird Gesicht, das atmet, schmunzelt, lacht oder weint. Dann wird die kunstvolle Architektur seiner Äste und Zweige lebendig; sie wird wie ein Dach, das Geborgenheit und Heimat gibt. Ich ahne den Grund, der ihn trägt. Die Furchen erzählen von dem vielen, was er schon erfahren hat. Wind, Sonne, Kälte, Ameisen, Vögel und Eichhörnchen, Menschen, die achtlos vorbeiliefen und seine schönen alten Geschichten überhört haben, weil sie seine Sprache nicht verstanden . . . sie alle werden lebendig. Ich spüre die Bewegung des Lebens, die den alten Baum von den Wurzeln bis in die Zweige und Blätter erfaßt.“[4])

Es geht darum, den Mythos weiterzudeuten, dann kann er zu einem Hilfsmittel werden, die eigene menschliche Gegenwart und die kommenden Zeiten besser zu begreifen.

Wer kann den Baum in seinem Wesen erfassen? Sicherlich der, der voll Verwunderung über die Fülle und Kostbarkeit dieses Zeichens staunen und dankbar sein kann. Der ihn gesehen und geschaut, betastet und verspürt hat, hineingehorcht, gerochen und geschmeckt hat.

Naturerfahrung und Selbsterfahrung sind aufeinander bezogen, in beiden können die Spuren der Schöpfung wahrgenommen werden. Wenn man die Vielfalt der Baumnatur entdeckt und verinnerlicht hat, dann kann sich auch alles das, was in uns ruht, entfalten.

Auch der Baum ist in unserem inneren Bilderschatz gespeichert. Er ist ein Symbol voller Dynamik, das uns individuell Verborgenes offenbar machen kann.

Fritz Huber

Bäume in Mythos, Geschichte und Literatur

Richtbaum und Rechtfest zur Dachgleiche, Christbaum und Maibaum, Geburts-, Hochzeits- und Brautbaum, Lebens-, Schicksals- und Schutzbaum der Familie, der Freiheitsbaum der Französischen Revolution, der Baum als Ort der Kommunikation, der Liebe, aber auch des Todes: Zumeist bekannte tatsächliche und symbolische Funktionen des Baumes zeigen bereits assoziativ auf, daß im Erscheinungsbereich unserer Umwelt nichts einen so zentralen Stellenwert an vielfacher symbolischer Bedeutung hat wie der Baum und daß es auch eine gemeinsame Sprache zu geben scheint zwischen ihm und dem Menschen. In der europäischen Literatur und Geistesgeschichte von der Spätantike bis in die Barockzeit findet sich der Topos des „locus amoenus", des lieblichen Ortes: ein, zwei Bäume, ein kleines Wasser, eine Stätte amouröser Begegnung. Weitaus früher stellt in den ältesten Schichten und Vorstufen religiösen Lebens der Baum in Verbindung mit Steinaltar und meist Wasser die typische heilige Örtlichkeit dar: in etlichen asiatischen Kulturen etwa, auch bei Semiten und Indogermanen. Doch auch allein und für sich ist er die Verkörperung einer kosmischen Lebenskraft, der Vitalität, der Vegetation, wie mannigfache Formen des Mythos, der Symbolik und des Kultes veranschaulichen. In der christlichen Symbolik steht der Baum in analoger Deutung für transzendente Bezüge und Werte. Das Gottesreich gleiche einem Senfkorn, das aus dem kleinsten aller Samenkörner zu einem mächtigen Baum heranwachse. Der Stellenwert des Baumes, seiner Rollen, Zuständigkeiten und symbolischen Funktionen kennt keine räumliche oder zeitliche Begrenzung. Das Thema ist nicht nur evident, es lebt spätestens seit den primären Hochkulturen und in den unterschiedlichsten Kulturkreisen der Menschheit, in alten Mythen, im Reich der Märchen und der Sagen, in religiösen Traditionen, in der Literatur, der bildenden Kunst und Musik, in der Geschichte der Alltagskultur, in den Stammbäumen der Familiengeschichten, nicht selten mit politischen oder gesellschaftlichen Ansprüchen verbunden; in Rechts- und Volksbräuchen, in Festen des Jahres- und Lebenslaufs, in Modellen schöpferischer Denker wie etwa in den erkenntnis- und ordnungsorientierten Intentionen der Alchimisten, in der Psychologie und dem aus ihr gewonnenen Erfahrungsschatz, dort, wo Freude herrscht oder Freiheit, Hoffnung auf Erneuerung oder auch der Tod.

Ob es sich überhaupt verwirklichen lasse, das Vorhaben, den Baum als Sinn- und Bedeutungsträger erschöpfend vorzustellen, ein so komplexes Thema mit enzyklopädischem Eifer zu fassen oder gar zu er-fassen? Was möglich ist und sich anbietet, muß sich auf wenige Aspekte, knappe Streifzüge, schwankende Streiflichter beschränken, den rudimentären Charakter eines Textes.

So zeigt schon die Vorstellung vom Weltenbaum auf, wie sehr der Baum mit seinem tiefgreifenden Wurzelwerk und gleicherweise in seinem Aufwärtsstreben symbolisches Gemeingut zahlreicher Kulturkreise ist. Da der Welten- oder Himmelsbaum tief in der Erde wurzelt, seine Krone aber bis zum Himmel reicht, verbindet er drei kosmische Bereiche: die Erde als Ausgangspunkt, die Unterwelt mit ihren dunklen, chthonischen Kräften und den „Überhimmel" als Erfüllungsstufe der transzendenten Bindung des Menschen. So wird er zur Weltenachse – und als imago mundi zum Symbol einer perpetuellen Erneuerung der Welt: zu einer Erneuerung im Sinne der unversiegbaren Sehnsucht nach Ganzheit, nach Überbrückung von Leben und Tod wie überhaupt aller Polarität in einer „coincidentia oppositorum" des Nikolaus von Kues. Der Grazer Burg Treppenturm mit den beiden gegenläufigen, wiederholt ineinandergreifenden Wendeltreppen, die gegenstrebigen Windungen des östlichen Pfeilerpaars in der Stiftskirche zu Göß oder der Lettner von St.-Etienne-du-Mont in Paris sind eindrucksvolle Zeugen der architektonisch-ästhetischen Realisationen dieses Denkens.

Die isländische „Lieder-Edda" kennt die noch bei R. Wagner relevante Weltenesche (Yggdrasil), den „allnährenden Weltbaum", dessen Stamm die Erde stützt, dessen Krone mit dem Adler in den höchsten Wipfeln über das Himmelsgewölbe hinausreicht, während sich die Äste über die ganze Welt breiten.

Von hervorragender geistes- und religionsgeschichtlicher Bedeutung ist die gelegentlich auch als Lebensbaum bezeichnete Menora, deren sieben Arme im alten Mesopotamien die damals bekannten sieben Himmelskörper bedeuteten, für Moses die abstrahierte Materiawalisation der inneren geistigen Form der Schöpfung waren und auch eine echt hellenistische Auslegung erfuhren.

Der von Dante in seiner „Divina Commedia" erschaute Riesenbaum (mit der Krone in den Himmelssphären und den Wurzeln nach oben gerichtet) ist ein später Nachfahre der in nah- und fernöstlichen und afrikanischen Mythen gepflegten Vorstellung des umgekehrten Baumes, der mit seinen Ästen die Erde zu erreichen sucht. Dieses Bild benützen im Mittelalter die Kabbalisten, weil es am besten die Idee der Schöpfung umreiße, die nämlich als äußere Manifestation der inneren Welt Gottes zu verstehen sei.

Trotz vieler Überschneidungen und bei allem begreiflichen Synkretismus nicht ident mit dem Weltenbaum ist der Lebensbaum, dessen Bild in der Vorstellung der Unsterblichkeit begründet ist. Der ewig grünende und blühende Lebensbaum, dessen Früchte Gesundheit, Jugend und Unsterblichkeit verleihen, geht in der wohl wichtigsten Tradition auf die Sumerer im frühen dritten Jahrtausend zurück und ist im Zusammenhang mit dem Lebenskraut im Gilgamesch-Epos und dem Kult um Dumuzi und Inanna, den Bräutigam und die Braut, mit deren ins Alte Testament übernommenem Hohe-Lied der Liebe und der Sehnsucht nach Ewigkeit zu sehen. Auf einem sumerischen Siegelzylinder nähren sich zwei Vögel von den Früchten eines neunästigen Lebensbaumes: Seelen in Vogelgestalt, altes Überlieferungsgut zahlreicher früher Hochkulturen. Und eine andere der frühesten Darstellungen dieser Ursprungskultur zeigt, wie Dumuzi einen Zweig mit achtblättrigen Blüten hält, den er zwei sich aufrichtenden Widdern reicht.

Der Genesis zufolge steht der Baum des Lebens mitten im Paradies, wo ein Strom entspringt, der sich in vier Hauptwasser teilt: die Flüsse Geon, Phison, Euphrat und Tigris, eine Darstellung, die sich u. a. im berühmten Freskenprogramm der Gurker Westempore oder auch im romanischen Doppelchor des weniger bekannten Matreier Kirchleins St. Nikolaus findet und die bereits die frühchristliche Literatur zu vielschichtigen Deutungen veranlaßt hat. Wie in den Gurker Monumentalmalereien die auf dem Gurtbogen dargestellte

Jakobsleiter die Schwelle zwischen den beiden die Gewölbe beanspruchenden Jerusalem, zwischen dem Irdischen und dem Himmlischen bedeutet, so heißt es in der Apokalypse: „Selig sind, die seine Gebote halten, auf daß sie Macht haben an dem Holz des Lebens und zu den Toren eingehen in die Stadt." Von unüberbietbarer Euphorie künden die konzeptionell möglicherweise in die kryptochristliche Zeit zurückreichenden Lebensbäume in den ältesten Mosaikfeldern Aquileias, gleichzeitig Sinnbilder ewiger Geborgenheit und Zuversicht. Das Geäst typisierter Lebensbäume sichert die wie eine große Selbstverständlichkeit wirkenden Nester ab, nicht nur Brut- und Familiennester bekannter Vögel und Wasserhühner, Geborgenheitsnester in gleicher Weise für die junge Ziege, das Kitzlein, oder den Steinbock, für Languste und Sepia. Im Bannkreis eines vielgestaltigen Formenwaldes kryptischer Kreuze strahlen die unüberwindbaren Repräsentanten der Schöpfung Zuversicht aus, auch Ruhe, Gelassenheit, Verschmitztheit. Souverän in der lagernden Position, aber mit wachem, interessiertem Blick bewacht im Baumnest der Jungdrache (das Zicklein?) die zwölf Gewalten, die „Perlen" als Dingsymbole der pneumatischen Kräfte der Apostel. Im westlich folgenden Joch sammeln sich zwischen Stier, Steinbock und Esel einige Vogelpaare – Pfauen, Amseln, Schnepfen – um Blumensträuße, Früchte und Akanthusblätter, faszinierend wieder in Vitalität, Wendigkeit dieser musivischen Darstellungen und der spürbaren Freude an plastischer Gestaltung, inhaltlich insgesamt unstreitig beeinflußt von der hellenistischen Geisteswelt mit ihren ungezählten Traditionen und den gnostischen Richtungen der Spätantike.

Das Kontinuum der Lebensbaum-Darstellungen begegnet uns gewiß noch länger, in repräsentativer Erscheinung gewiß bis ins 15. und 16. Jahrhundert, bis zu einem bekannten Kupferstich Martin Schongauers zumindest. Im langobardischen Raum des achten Jahrhunderts, namentlich in Aquileia und Cividale sind auch unter dem Aspekt der formal-ästhetischen Qualität vorzügliche Reliefs, originäre plastische Darstellungen ohne Schwierigkeiten aufzuspüren: auf Chorschranken der popponischen Basilika, in paläochristlichen Museen, am Baptisterium des Patriarchen Callixtus oder an einer Mensa-Platte des weltberühmten Ratchis-Altars. Neben der Heimsuchung, der hier eindrucksvoll, zeitinnehaltend wirkenden Begegnung der Mütter Maria und Elisabeth, strebt bezeichnenderweise der Lebensbaum in die Höhe. Voller inhaltlicher Bezüge, dramatisch komprimiert, fasziniert insbesondere die sogenannte „Sigwaldplatte“ des Callixtus-Baptisteriums. Energisch wirkende Evangelisten-Symbole schließen die Darstellungen der Plattenmitte ein: ein flechtbandornamentiertes Kreuz mit Lebensbäumen unter den Querbalken und jener einmalige, spektakuläre Lebensbaum, dessen oberere Äste in Tierköpfe auslaufen, während zwei Greife an den Stamm sich drängen und über ihnen zwei Vögel Trauben verzehren.

Selbstverständlich sind dem eigentlichen karolingischen und bairisch-karantanischen Einzugsbereich Lebensbaumdarstellungen nicht fremd, der Tassilokelch von Kremsmünster und einer der Flechtwerk-Steine aus Millstatt seien als prominente Zeugen genannt. Am häufigsten freilich bietet sich in der Folgezeit die Lebensbaum-Darstellung in der Formen- und Symbolsprache der Romanik an, am Beginn von Büchern und Buchkapiteln, an Portalen und Türflügeln: auf Schloß Tirol, in Gurk und Seckau, von Pomposa, Modena und Pavia im italienischen Norden bis nach Apulien, San Andrea in Barletta und Trani. Indes ist diese orientalisch-christliche Tradition nur eine, wenn auch die uns am ehesten geläufige Ausprägung der Vorstellung vom Lebensbaum, der bei allen Unterschiedlichkeiten vorder- und innerasiatischen Völkern ebenso bekannt ist wie Indianerstämmen und insbesondere auch den Germanen.

Schließlich darf nicht übersehen werden, daß der Lebensbaum Ausgangs- und Grundvorstellung mancher verwandter Baumbilder (wie der Wurzel Jesse und des Stammbaumes überhaupt) oder in der Gestaltung sakraler Gegenstände ist (Altar-, Monstranz- und Kanzelgestaltungen).

Unvergleichlich, ja wesentlich häufiger lesen, insbesondere sehen wir Darstellungen des Baums der Erkenntnis; seine Bezüge sind vordergründig ja auch wesentlich spektakulärer, unverzichtbare Inhalte in jeder Biblia pauperum. Adam und Eva werden in der Genesis aus dem Paradies vertrieben, weil sie von den Früchten des Baumes der Erkenntnis des Guten und Bösen gegessen, so gegen Gottes Gebot verstoßen haben – und damit sie nicht auch noch vom Baum des Lebens äßen, den fortab ein Cherub mit Flammenschwert bewacht, eine Situation, die sich als Detail im fesselnden Mosaikprogramm von Torcello findet. So tritt der Mensch in die Welt der Erkenntnis von Gut und Böse, eine Welt, die für ihn wie der Baum zweideutig geworden ist, eine Welt der Polarität zwischen Plus und Minus, Mann und Frau, Leben und Tod. Unterschiedlich in der Darstellung, respektive der Wahl der Baumart, ist der Baum der Erkenntnis je nach Akzentuierung einmal ein (übrigens auch bei den Indern bevorzugter) Feigen-, dann wieder ein Apfelbaum, häufig auch ein Baum des Todes. Unterschiedlich und mehrfach sind auch die Vorstellungen, die dem Baumkreuz zugrunde liegen, das uns seit dem 10. Jahrhundert in der Buchmalerei zunächst, weiter verbreitet im 15. Jahrhundert begegnet. Nirgendwo läßt sich die Ambivalenz des Baumsymbols so deutlich veranschaulichen wie am Kreuz Christi: es ist Todesholz und Lebensbaum zugleich. Bezeichnend für ihr Auftreten im Spätmittelalter sind Baum- und Astkreuze wohl auch bildnerische Umsetzungen der meditativen Vorstellungen vom lignum vitae, welche die geistig tiefgehende franziskanische Bewegung geprägt hat, die zunächst in Bonaventura ihren schöpferischen Formulierer findet. Sein mit Zweigen, Blüten und Früchten geschmückter Lebensbaum ist Symbol der Contemplatio, die das Erlösungswerk im Kreuzestod meditativ erfahrbar macht.

Nicht durchwegs, aber sehr häufig wird das Baumkreuz im Sinne des Lebensbaums als Eiche gestaltet – oder als Weinstock: jene symbolisiert Lebenskraft, dieser ewiges Leben – entsprechend einem alten orientalisch-hellenistischen Lebensbaummotiv. Gleichfalls originär ist die Vorstellung, derzufolge das Opferkreuz der Weltenbaum sei, der sich vom Himmel auf die Erde erstrecke. Denn Christus habe sich im Zentrum der Welt geopfert, – und tatsächlich scheint auf mittelalterlichen Weltkarten Jerusalem als Mittelpunkt der Welt auf. Was für das Baumkreuz gesagt ist, gilt auch für das Astkreuz, dessen Stamm und Arme als Äste gebildet (oder mit Aststümpfen besetzt) sind; – mit einem Zusatz: Astkreuze sind im gesamteuropäischen Raum wesentlich repräsentativer und breiter vertreten; von Skandinavien bis zu den Calvaires in der Bretagne und zu einer Reihe bekannter Exponate – etwa im Kärntner Raum.

Wenn Calderon de la Barca das Kreuz Christi als

Weltenbaum dem „todbringenden“ Baum der Erkenntnis gegenüberstellt, so entseht anderseits im Anschluß an einige Legenden des 12. Jahrhunderts eine weitere Version, nach der das Kreuz vom Baum der Erkenntnis stamme. Der Opfertod Christi habe nämlich das tote Holz in den grünenden Baum des ewigen Lebens verwandelt. Diese in Wandmalereien des Spätmittelalters gelegentlich gestaltete Auffassung erhält, bislang eher wenig beachtet, mit der Reformation eine neue Gewichtung und Orientierung – ganz im Sinne des eigentlichen reformatorischen Anliegens, der Erneuerung im Wege des re-formare. Das ikonographische Thema der „Gesetzes- und Gnadenvorstellung“ gibt ein reformatorisches Leitmotiv Martin Luthers wieder, das über den Freundeskreis Melanchthons wohl auch Lukas Cranach d. Ä. bekannt geworden ist. Die Schrift als alleinautorisierte göttliche Offenbarungsquelle und die Gnade erfahren den maßgeblichen Stellenwert; zwei Äste eines weiterwachsenden Baumes unterscheiden sich: links der verdorrende Ast mit den zwei Moses-Tafeln und der Aufschrift „Das Gesetz“, rechts der grünende Ast, auf ihm das Kruzifix, darüber das Schriftband „Die Gennad“.

Durch und durch anachronistisch, januskköpfig, ist dieses 16. Jahrhundert aber auch die Epoche der Alchimisten, deren Intentionen nicht allein in der oberflächlich und vereinfacht kolportierten Goldgewinnung, sondern tiefer, in der Transformation unedler Metalle zu Gold lagen, was für sie, die Adepten, die Eigenweihten, gleichzeitig ein Läuterungsprozeß der Erde war, ihnen hauptsächlich aber und in letzter Erfüllung die eigene Schwellenüberschreitung, Palingenese und Regeneration bedeutet hat.

Symbol oder Emblem dieses Unterfangens ist der variationsreich, nicht selten auch als Planetenbaum dargestellte „philosophische Baum“ (arbor philosophicus), in dessen Zentrum der „homo philosophicus“ als Hermes/Merkur stehen kann. Wie der Baum ist er selbst Sinnbild der Verwandlung: im häufigen Widerstreit und in der mehrfachen Vereinigung der Gegensätze, der noch in Goethes „Faust“ wirkenden „coincidentia oppositorum“.

Unübersehbar in seinen Funktionen als Bedeutungsträger, zu kosmischer Bedeutung erhoben, ist der Baum nicht nur Symbol, Sinnbild existentieller Fragen und Sehnsüchte des Menschen. In dem sich verdichtenden Bannkreis solcher verwandtschaftlicher Bezüge lag früh schon der Gedanke an Wesensgleichheit und Identifizierung des Menschen mit dem Baume nahe.

So entsprechen seinem signalisierenden Erscheinungsbild in der Natur zahlreiche Vorstellungen von Baum-Metamorphosen, die den Stamm als Phallus-Symbol, den Baum in dessen Gesamtheit aber als Symbol der Fruchtbarkeit und damit des Weiblichen sehen. Nach der Lieder-Edda entstammten die ersten Menschen Bäumen, der Mann der Esche, die Frau der Ulme; dem altgriechischen Dichter Hesiod zufolge habe Zeus das eherne Menschengeschlecht aus Eschenspeeren geschaffen, und mit einem indianischen Schöpfungsgedanken deckt sich die von C. G. Jung angebotene, von Sibylle Selbmann im Sinnzusammenhang erfaßte Deutung, nach der sich im Speer-Phallus und im Baum-Schoß das männliche mit dem weiblichen Prinzip vereine, so daß der Baum zum Symbol der Fortpflanzung werde. Nach manchen, noch spätmittelalterlichen mythischen Überlieferungen sollen die Germanen auf Bäumen gewachsen sein, habe man die Kleinkinder aus

Bäumen geholt: „Er ist aus gutem Holz geschnitzt", ein Spruch, der heute noch an uraltes Denkgut erinnert.

Eine ambivalente Einstellung dem Baum gegenüber tritt seit den griechischen Mythen in unterschiedlichen Intentionen und Zielsetzungen der Baum-Metamorphosen zutage: Die Bacchantinnen, Mörderinnen des Orpheus, werden zu Strafe in Bäume verwandelt, Philemon und Baucis anderseits, die den Göttern Gastfreundschaft gewähren, dürfen fortleben nach ihrem Tode, in einer Eiche und einer Linde. Wie in Mythen und literarischen Motiven, so auch in Grimmschen und anderen Märchen von verwunschenen Bäumen und erlösten Menschen, von Bäumen, wachsend auf den Gräbern der Verstorbenen, verraten die Baum-Metamorphosen eine latente Sehnsucht des Menschen nach Wiedergeburt und Unsterblichkeit, deren Dingsymbole der seine Blätter jährlich erneuernde Laubbaum einer-, der immergrüne Nadelbaum anderseits sind.

Aber sollte man zum Augenblicke nicht innehalten, angesichts der gewaltigen Symbolisierungs- und Identifizierungskraft der Bäume, tiefer ein- und vordringen zu den Voraussetzungen dieser Vitalität, zur Individualität, zum Persönlichkeitsgefüge des Baumes?

Nach einer altindischen Überlieferung aus jungvedischer Zeit (7. Jahrhundert v.) gleiche der Mensch dem Baume, „dem Fürsten des Waldes", das Blut aus seiner Haut ströme wie der Saft aus der Rinde des Baumes. Doch auch alltägliche Redensarten weisen den Baum in dessen Identifizierungskraft aus, Symbol und Metapher des Menschen zu sein: „Es ist dafür gesorgt, daß die Bäume nicht in den Himmel wachsen"; „Der Apfel fällt nicht weit vom Stamm"; „Alte Bäume lassen sich nicht biegen" – oder anspruchsvoller: „Des Baums Enthaltsamkeit hat Genügsamkeit zur Wurzel, Zufriedenheit zur Frucht."

Einst geläufiger waren die Anredeformen „Frau Hasel" und „Herr Flieder", noch freundlicher, amikaler ist Erich Kästner in seinem lyrischen Gedicht: „Mit Bäumen kann man wie mit Brüdern reden . . .«

Keine Welt doch der Klischees und der Stichwortbringer?

Hier ist vielmehr aufzuhorchen, weil den Bäumen Seele zugesprochen ist, weil sie, in einer hervorgekehrten psychischen Struktur dem Menschen vergleichbar, nach C. G. Jung „Individualität haben", Synonym sind für „Persönlichkeit", in Wahrheit Persönlichkeiten sind, welche erfahren kann, wer die Spezialisten und Individualitäten unter den Bäumen auf den steilsten, verwegensten Hängen des Vinschgauer Sonnenbergs erlebt hat, wo die Gehöfte Egg und Vorra und die „Verlassenen Höf" über kirchturmdachsteilen Wiesen kleben, extrem, winterzeitlich erreichbar über vereiste Bachtobel nur, Bäume mit existentiellen Ansprüchen, unbeugsame Charaktere, zuverlässige Protagonisten . . ., oder, wer Hermann Hesses Ausschau nach einzelnen Bäumen gefolgt ist: „Sie sind wie Einsame. Nicht wie Einsiedler, welche aus irgendeiner Schwäche sich davongestohlen haben, sondern wie große, vereinsamte Menschen, wie Beethoven und Nietzsche."

Gestaltet ist dieses Identifizierungsdenken seit der Antike in der literarischen Fiktion des beseelten Baumes, der so auch mal sprechen, mal singen könne, wie Plinius d. Ä. zu wissen glaubt oder das Märchen „Amor und Psyche" uns erzählt.

Eines der schönsten Denkmäler lyrischer Verdichtung freilich hat Rainer Maria Rilke dem singenden Baum in einem seiner „Sonette an Orpheus" gesetzt.

Die Gestalt des thrakischen Sängers, dessen Musik selbst den Beherrscher der Unterwelt zu rühren vermochte, bleibt auch nach seinem gewaltsamen Tod –: der Allverwandler und der in alles Verwandelte; für Rilke die Urmetapher, die das Widersprüchlichste, die Leben und Tod verschmilzt.

Da stieg ein Baum. O reine Übersteigung!
O Orpheus singt! O hoher Baum im Ohr!
Und alles schwieg. Doch selbst in der Verschweigung
ging neuer Anfang, Wink und Wandlung vor.

Tiere aus Stille drangen aus dem klaren
gelösten Wald von Lager und Genist;
und da ergab sich, daß sie nicht aus List
und nicht aus Angst in sich so leise waren,

sondern aus Hören. Brüllen, Schrei, Geröhr
schien klein in ihren Herzen. Und wo eben
kaum eine Hütte war, dies zu empfangen,

ein Unterschlupf aus dunkelstem Verlangen
mit einem Zugang, dessen Pfosten beben, –
da schufst du ihnen Tempel im Gehör.

Den Baum als Symbol des Menschen zu sehen und der damit verbundene Identifikationsgedanke machen begreiflich, warum Baumfrevel – wie etwa das Abschälen der Rinde – bereits im Gilgamesch-Epos, später bei Ovid oder in ältesten deutschen Rechtsquellen bestraft wird, warum auch – aus anderer Perspektive gesehen – der dürre, der entlaubte Baum den Sünder (etwa bei Isaias) symbolisiert, oder den aus eigenem ethischem Verschulden unfrei gewordenen Menschen wie Schillers Wallenstein, der von seinen Anhängern verlassen wird:

„Den Schmuck der Zweige habt ihr abgehauen;
da steh' ich, ein entlaubter Stamm."

Und Friedrich Nietzsche läßt seinen Zarathustra die Situation der vom Blitz getroffenen, weil zu hoch hinausgewachsenen Pinie kommentieren:

„Aber es ist mit dem Menschen wie mit dem Baume.
Je mehr er hinauf in die Höhe und Helle will,
um so stärker streben seine Wurzeln erdwärts,
abwärts, ins Dunkle, Tiefe – ins Böse . . ."

Womit der Vater der expressionistischen Literatur die chthonische Verwurzeltheit des Menschen angesprochen hat . . .

Die Erfahrbarkeit des Phänomens Baum mit seinen symbolischen Bezügen löst in literarischen, namentlich lyrischen Texten nicht selten Individuationsprozesse, Identitätssuche und die Frage nach Selbstverwirklichung aus.

(. . .)
Meinen Sie, aus Habana,
weiß und hibiskusrot,
bräche ein ewiges Manna
für Ihre Wüstennot?

Die lange, lange vergebliche Suche nach Selbsterfahrung zieht sich als bohrende Frage durch Gottfried Benns Gedicht „Reisen", während in seinen Versen „Ebereschen" lyrisch ausgesprochen ist, daß das allmähliche Erfassen der eigenen Identität die vorrangige Voraussetzung einer existentiellen Erfüllung bleibt:

Bild rechts: Jeder Baum ist eine starke Individualität

Ebereschen – dies Jahr und Jahre immerzu
in fahlen Tönen erst und dann in roten
gefärbt, gefüllt, gereift, zu Gott geboten –
– wo aber fülltest, färbtest, reiftest du –?

Mit dem Baum indentifiziert sich freilich auch der von Traumvorstellungen und Sehnsüchten erfüllte kleine Weltbürger, zweisprachig aufgewachsen, unterwegs zwischen dem Norden und Süden, ewig auf Suche nach Heimat und Verwurzeltheit: Theodor Däubler mit seinem vielstrophigen Baum-Gedicht.

(. . .)
Es horcht der Wind. Denn um zu horchen harrt sein Lauf.
Im Baum erlauscht, als Traumhauch, er sein lautes Rauschen.
Drum lauscht: es überbrausen Meere sich zu Hauf!

Es will, als Baum, die Erde sich am Baum berauschen.
Und was im Traum geschieht, wird auch ein eigner Traum,
Denn Träume können uns samt Träumlichen belauschen!
(. . .)

Du Baum, ich weiß, wie ich als Dickicht mich bestricke.
Du bist von Liebe übervoll, ja liebestoll!
Du liebst, oh Baum, was ich als Du in mir erblicke.
(. . .)

Die schönste und nachhaltigste Evokation der Bäume bestimmt Tenor und Ambiente eines der bekanntesten Gedichte Günter Eichs: „Ende eines Sommers“.

Wer möchte leben ohne den Trost der Bäume!
Wie gut, daß sie am Sterben teilhaben!

Die Pfirsiche sind geerntet, die Pflaumen färben sich,
während unter dem Brückenbogen die Zeit rauscht.

Dem Vogelzug vertraue ich meine Verzweiflung an.
Er mißt seinen Teil von Ewigkeit gelassen ab.
Seine Strecken
werden sichtbar im Blattwerk als dunkler Zwang,
die Bewegung der Flügel färbt die Früchte.

Es heißt Geduld haben.
Bald wird die Vogelschrift entsiegelt,
unter der Zunge ist der Pfennig zu schmecken.

Die Erinnerung an Vergänglichkeit und Todesgewißheit, an den Pfenning „unter der Zunge", den Transfer-Lohn des Charon, mündet nicht in Verzweiflung, sie eröffnet nun erst, Geduld und Gelassenheit vorausgesetzt, eine neue Welt der Zeitlichkeit. In seiner Trostbedürftigkeit erlebt der Mensch die Gemeinsamkeit mit den Bäumen, konsonantischer Gleichklang („le*b*en" – „*B*äume" – „ster*b*en – „*B*rücken*b*ogen") betont die Gefährtenschaft.
Das Ernten der Pfirsiche, das Sich-Färben der Pflaumen, das im Rauschen synästhetisch erfaßbare Fließen oder der Vogelzug bilden das Erfahrungsland der Zeit, in das sich – im vertrauenden Gefühl der psychischen Verwandtschaft mit allem Lebenden – der nun apperzeptionsbereite Mensch einordnet, wie auch der Erzähler des Epilogs in Peter Handkes „Chinesen des Schmerzes" auf der Brücke des mittelalterlichen Almkanals zu wissen glaubt: „Die Weide rührt sich, so wie darunter das Wasser sich rührt. In der allein stehenden Fichte saust nun ein ganzes Land; ja, über der kleinen leeren Brücke blaut einmal der Himmel ganz Europas."

Der Baum als Metapher und sinnbildliche Identifikation des Menschen lebt in vielen weiteren lyrischen Texten des 20. Jahrhunderts fort, in unterschiedlichen Rollen und Positionen, einmal beispielsweise als Gefährte, als Mahnsymbol und Erinnerungshilfe bei Georg Heym („Der Baum").

(. . .)
Woran denkst Du, Baum, in der Wetterstunde
Am Rande der Nacht? An der Schnitter Gered,
In der Mittagsrast, wenn der Krug umgeht,
Und die Sensen im Grase ruhn in der Runde?

Oder denkst du daran, wie in alter Zeit
Einen Mann sie in Deine Krone gehenkt,
Wie, den Strick um den Hals, er die Beine verrenkt,
Und die Zunge blau hing aus dem Maule breit?
(. . .)

Ein andermal mag er eine Regenerationshoffnung inmitten städtischer Verkümmerung sein, etwa bei Friedrich Rasche („Beschwörung der Bäume").

Das ist fast wie tot: aus den Fenstern zu blicken
und keinen Baum sehn, nicht Blume, nicht Strauch,
nur Mauern und Dächer mit Ziegelflicken,
geschwärzte, und einen Himmel voll braunem Rauch.

Daß sich das Herz dir tröstlich belaube,
schick aus des Gedankens willfährige Taube,
die Bilder der Bäume, ihr geistiges Dauern
rufe herein in die tödlichen Mauern!

(. . .)
Existentielle Fragen, Ängste und Zwangsituationen vor

Augen, sei auch mit beiden – den Ausflug in die literarische Landschaft der Bäume beschließenden – Texten die Identifizierung des Menschen mit dem Baume apostrophiert, der wiederum in den spätzeitlichen Zügen des 20. Jahrhunderts gleichfalls einer Welt der Bedrohtheit sich gegenübersieht.
In dem parabolisch vermittelten, zutiefst lyrischen Text „Die Hinrichtung“, einem „Warngedicht“ des vor noch nicht einem Jahr verstorbenen Erich Fried, sind Bäume einmal mehr in den Lebens- und Agitationskreis des Menschen gestellt; dessen Fehlverhaltens Opfer werden sie. Zwischen den letzten Versen schwankt die Frage, wer wohl die eigentliche Warnung richtig apperzipierte . . .

Drei Bäume wurden
rechtskräftig schuldig befunden
den Landfremden mit ihren Blättern
Deckung gewährt zu haben

Das Urteil wurde vollstreckt
vor versammeltem Volke
vorne die Kinder
nach Schulen mit ihren Lehrern

Die Bäume wurden
zuerst ihrer Blätter beraubt
dann gehenkt an ihren Zweigen
daß sie baumelten wenn der Wind kam

Die Kinder sangen
das Lied von der Waldeinsamkeit
und preßten in Schulbüchern Blätter
als warnendes Beispiel

Neigung und Sympathie des sozialengagierten Bertolt Brecht gelten den in ihrer Lebensentfaltung Bedrängten, die im „Schatten sind“, denen er Zuspruch und Selbstwertgefühl vermitteln will – wie seinem „Pflaumenbaum“, berührend, glaubwürdig, echt.

Im Hofe steht ein Pflaumenbaum
Der ist klein, man glaubt es kaum.
Er hat ein Gitter drum
So tritt ihn keiner um.

Der Kleine kann nicht größer wer'n.
Ja größer wer'n, das möcht er gern.,
's ist keine Red davon
Er hat zu wenig Sonn.

Den Pflaumenbaum glaubt man ihm kaum
Weil er nie eine Pflaume hat
Doch er ist ein Pflaumenbaum
Man kennt es an dem Blatt.

Franz Wolkinger

Bedrohung, Pflege und Schutz von Baumbeständen in Stadt- und Siedlungsgebieten

Aus dem Institut für Umweltwissenschaften und Naturschutz der Österreichischen Akademie der Wissenschaften,

Abteilung für Ökologie und Naturschutz am Institut für Pflanzenphysiologie der Universität Graz

1. Einleitung

In unseren „Stadtwüsten“ und künstlichen, kasernenähnlichen Siedlungsgebieten sind Bäume und Grünflächen die einzigen Naturreste. Wenn dieses Grün vielfach nur ein „Minutengrün“ von „Briefmarkengröße“ ist, das kaum Hunden genügt, und viele Bäume fremdländischer Herkunft sind, die in ihrem Aussehen an verkrüppelte Bonsais erinnern, können diese Bäume trotzdem als geistige und seelische Parkplätze („Psychotope“) bezeichnet werden, wie bereits in den vorangegangenen Beiträgen eindrucksvoll betont wurde.

An den Einzelbäumen, Baumgruppen und Alleen, die wie Menschen zwischen Häuserschluchten und in Hinterhöfen leben müssen, kann der Stadtbewohner den Wechsel der Jahreszeiten erleben. Mit Recht können Grünflächen und Parkanlagen als „Sauerstoff-Notaggregate“ bezeichnet werden. Von den zahlreichen

Wohlfahrtswirkungen, die von den Bäumen ausgehen, seien nur erwähnt: Bäume spenden Schatten und Sauerstoff für Mensch, Tier und Auto, sie üben einen kleinklimatischen Einfluß auf ihre Umgebung, auf Temperatur, Luftfeuchtigkeit und Luftbewegung aus, Bäume filtern Staub aus der Luft, sie können Lärm vermindern, sie sind natürliche Gestaltungselemente zur Raumbildung und Raumgliederung, sie dienen der Orientierungshilfe und sind Lebensraum (Biotop) für andere Lebewesen. Für die meisten Stadtbewohner steht die ästhetische Bedeutung der Bäume im Vordergrund. Allerdings kann ein Baum niemals die „grüne Lunge" eines Waldes auch nur annähernd ersetzen. Den „stadtgerechten" oder „verkehrsgerechten" Baum, der alle Ansprüche der Stadtbewohner erfüllt, gibt es nicht und wird es niemals geben: Ein solcher Baum soll Schatten spenden, ohne Licht wegzunehmen, er soll Stadträume gliedern, ohne Platz zu beanspruchen, er soll eine dekorative Laubkrone aufweisen, ohne die Blätter abzuwerfen.

Baumbewußtsein und Grünbedürfnis waren zu keiner Zeit so groß, wie wir es erleben, wobei die Stadtbewohner verständlicherweise ein viel innigeres Verhältnis zum Baum haben als die Bewohner ländlicher Gemeinden. Trotzdem besteht in der Stadt zwischen dem „Baumbedürfnis" und der Pflege und Behandlung dieser Bäume eine erschreckende Diskrepanz.

Jeder Baum im verbauten Gebiet lebt außerhalb seiner natürlichen Umwelt, außerhalb seines natürlichen Ökosystems, an das er angepaßt ist. Einzelbäume stehen isoliert und ohne Beziehung zum Nachbarbaum. Diesen Einzelbaum gibt es unter natürlichen Verhältnissen überhaupt nicht. Sein Boden- und Luftraum sind eingeengt, die Wasserversorgung ist erschwert, das

Stadtklima macht ihm zu schaffen, und nicht zuletzt ist die Behandlung durch den Menschen alles eher als „baumfreundlich". Daß Bäume unter diesen Grenzbedingungen trotzdem überleben können, spricht für ihre Vitalität und soll uns Hoffnung geben. Streß verkürzt jedoch die Lebensdauer der Bäume in den Stadt- und Siedlungsgebieten. Im Durchschnitt erreichen sie nur mehr einen Bruchteil jener Lebenszeit, die Bäume in einer natürlichen Umwelt erlangen. Alle Maßnahmen des Baumschutzes und der Baumpflege müssen daher die Umwelt- und Lebensbedingungen der Bäume verbessern.

Als langjähriger Mitarbeiter des Grazer Baum-Expertenteams konnte ich auf dem Gebiete des Baumschutzes und der Baumpflege zahlreiche praktische Erfahrungen sammeln, die in den vorliegenden Ausführungen berücksichtigt wurden.

2. *Bedrohungen durch den Menschen*

Bäume sind Lebewesen mit ganz konkreten Umweltansprüchen. Wie Bäume und insbesondere der Wald auf Umweltbelastungen, z. B. auf die gasförmigen Immissionen, reagieren, erleben wir in dramatischer Weise am „Waldsterben". Das Baumsterben in unseren Siedlungen, das leise und nicht so spektakulär vor sich geht, wird vielfach übersehen. Ähnlich wie das Waldsterben eine komplexe Krankheit darstellt, an dem zahlreiche Komponenten beteiligt sind, hat auch das Baumsterben viele Ursachen, von denen einige herausgegriffen werden sollen.

Die nachfolgenden vier Abbildungen:
Bäume, die für sich selbst sprechen

Kelly's

2.1. Zuwenig Bodenumwelt

Der Wurzelraum eines Baumes reicht weit über die Kronentraufe hinaus. Unseren Stadtbäumen fehlt durchwegs ein ausreichender Bodenraum, in dem sich das Wurzelwerk optimal in horizontaler und vertikaler Richtung entwickeln und ausbreiten kann. Verschiedene Versorgungsleitungen im Boden, asphaltierte und versiegelte Straßen, Geh- und Radwege engen den Bodenraum auf ein Minimumareal ein. Der Baum muß meist mit einer Baumscheibe von 2 x 2 m auskommen, obwohl das Doppelte notwendig wäre. Jedes Begehen und noch mehr das Befahren der Baumscheibe innerhalb der Kronentraufe führen zu Bodenverdichtung und damit zu erschwertem Gasaustausch im Wurzelraum. Das Wasser kann nicht mehr einsickern. Stehende Wasserpfützen auf Baumscheiben weisen stets auf verdichteten Boden hin. Als Reaktion darauf sterben Äste in der Baumkrone ab.

Wenn ein Begehen und Befahren im Kronenbereich notwendig ist, dann muß der Boden vor Verdichtung durch ein durchlässiges Gitter oder Gittersteine geschützt werden. Sehr gut bewährt haben sich in Sand gesetzte Gittersteine, die natürlich nicht verfugt werden dürfen; mit diesen lassen sich auch konzentrische Muster um Bäume gestalten. Für begehbare Baumscheiben eignen sich weiters hartgebrannte Langlochklinker. Befahrbare Baumschutzscheiben müssen allerdings stabiler ausgeführt werden: Bei zweiteiligen Betonplatten ist in der Mitte ein entsprechender Auslaß für den Stammzuwachs vorzusehen, mindestens 35–50 % der Fläche müssen auf offene Schlitze und durchlässige Stellen entfallen. Für schwere Betonplatten ist ein entsprechendes Fundament notwendig. Auf Baustellen kann ein wirksamer, kurzzeitiger Bodenschutz gegen das Befahren der Baumscheiben durch einen Druckriegel aus Sand und Kies erreicht werden. Hochborde schützen den Wurzelbereich vor Verdichtung und auch vor salzhältigem Tauwasser.

Noch bessere Lebensbedingungen haben Bäume in Grünstreifen von mindestens 3 m Breite und mehr. Werden diese Streifen mit Bodendeckern bepflanzt oder gemulcht (mit Stroh, Häckselmaterial, Rindenkompost), ist damit am Straßenrand zugleich ein Schutz gegen Streusalzeinfluß und Ruderalpflanzenbewuchs gegeben. Auf *Aufschüttung* und *Abgrabung* reagieren *flachwurzelnde* Bäume wie Waldbuche *(Fagus sylvatica)* und Fichte *(Picea abies)* empfindlich. Alle Eingriffe in die Wurzelsubstanz vermindern die Standsicherheit der Bäume.

Die alljährlichen unkoordinierten und rücksichtslosen „Grabungs-Festspiele“, die in Graz noch immer ohne vorherige Kontaktaufnahme mit dem Stadtgartenamt durchgeführt werden, haben schon bisher zahllose, unnötige Baumopfer gefordert. Durch *händisches* Graben im *Wurzelbereich*, durch sorgfältiges Abdecken der freigelegten Wurzeln, besonders im Sommer, und durch die Anlage eines fachgerechten Wurzelvorhanges lassen sich solche Baumschäden weitgehend vermeiden. Leider fehlt noch immer der gute Wille zur Zusammenarbeit aller Leitungsträger (Post, Kanalbauamt, Gaswerk, Fernwärme, Straßen- und Brückenbauamt).

Wurzeln wachsen dem Wasser entgegen. Sie dringen nur in *undichte* Kanäle ein, wo sie ein stark verzweigtes Wurzelwerk, sogenannte „Wurzelzöpfe“, bilden, die den Durchflußquerschnitt stark einengen. Dichte Kanalrohre bleiben von den Wurzeln verschont.

Zur Verbesserung der Bodenverhältnisse und zur Sanierung verdichteter Böden kann der Boden ausgetauscht oder aufgelockert werden, können Bewässerungs- und Düngungsmaßnahmen durchgeführt werden. Kostspieliger ist eine Bodensanierung mit einem „Bioturbator". Die „Bioturbator-Methode" ist eine „sanfte Technologie". Im Traufbereich eines Baumes werden in regelmäßigen Abständen mit einer Lanze Löcher in den Boden gebohrt. Über diese Bohrlöcher werden Luft und je nach Bedarf Wasser und Nährsalze den Wurzeln zugeführt.

2.2. Streusalz- und Gasbelastung

Der Einsatz von Auftausalzen in den Wintermonaten hat bereits zu großen Schäden an straßennahen Alleebäumen geführt. Empfindlich auf Streusalz (Natriumchlorid, NaCl) reagieren Roßkastanien, Linden- und Ahornarten, die bereits im Juli und August absterbende und braunverfärbte Blattränder (Nekrosen) zeigen (Abb. 1). Sichtbare Schäden treten auf, wenn der Chloridgehalt in den Blättern über 1% des Blatttrokkengewichtes ausmacht. In der Grazer Innenstadt, in der die Roßkastanie mit einem Anteil von 37% vertreten ist, sind insgesamt 17% des gesamten Baumbestandes durch Streusalz geschädigt.

Während das Chlorid relativ beweglich ist – es wird nicht nur bevorzugt aufgenommen, es wird ebenso leicht ausgewaschen –, führt das Natrium zur irreversiblen Zerstörung der Bodenstruktur. Bei Neupflanzungen an streusalzbelasteten Standorten ist daher ein Bodenaustausch unbedingt erforderlich. Weniger empfindlich auf Streusalz reagieren Platane *(Platanus hybrida)*, Japa-

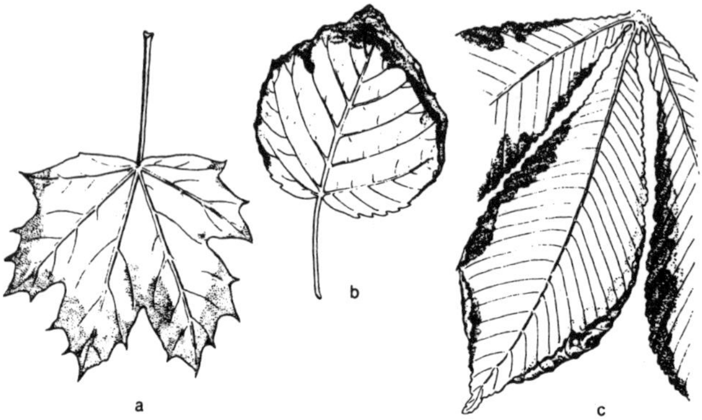

Abb. 1: Blattrand-Nekrosen an Ahorn-(a), Linden-(b) und Roßkastanienblättern (c), verusacht durch Auftausalze (Natriumchlorid) (nach BUTIN 1983)

nischer Schnurbaum *(Sophora japonica)* und Robinie *(Robinia pseudacacia)*. Inzwischen wurden salzresistente Roßkastanien auf den Markt gebracht.

In Graz besteht schon seit Jahren eine Streusalzverordnung, nach der die Verwendung von Streusalz auf privaten Gehsteigen verboten ist. In namentlich angeführten, verkehrsreichen Straßen darf nach wie vor Streusalz eingesetzt werden, in extremen Wintern kann das generelle Streuverbot – wie es bereits geschehen ist – aufgehoben werden, und das Streusalzverbot auf privaten Gehsteigen wird nicht kontrolliert. Eine Verordnung ohne entsprechende Kontrolle ist leider eine reine Alibi-Verordnung. So wiesen die jungen Linden, die vor wenigen Jahren in der Keplerstraße gepflanzt wurden, bereits im August 1988 typische Streusalzsymptome und entsprechend hohe Chloridgehalte (über 2,4%) in den Blättern auf. Solange wir weiterhin unsere Straßen mit chloridhaltigen Streumitteln „einpöckeln", sind alle Baumpflanzaktionen und Baumpatenschaften zum Scheitern verurteilt.

Von den alternativen Streumitteln enthalten manche statt Natrium-Chlorid (NaCl) das ebenso schädliche Calzium-Chlorid ($CaCl_2$). Mittel auf Harnstoffbasis eutrophieren die Böden und das Grundwasser. Abgesehen von Splitt und sonstigen abstumpfenden Mitteln, dürfte das von der Wiener Magistratsabteilung 22 empfohlene „Plantabon EIS-EX" am umweltschonendsten sein. Es wird als „chlorfrei", „ungiftig" und „haustierfreundlich" angeboten, enthält außerdem einen Betonschutzzusatz und soll gegenüber Eisen nicht aggressiv sein.

Während streusalzbelastete Bäume jahrelang dahinvegetieren, tritt durch austretendes Erdgas der Baumtod schon nach wenigen Wochen, spätestens Monaten, ein. Durch die Umstellung vom feuchteren Stadtgas auf trockeneres Erdgas sind viele alte Gasleitungen undicht geworden, und das versickernde Erdgas nimmt im Boden unberechenbare Wege. Durch die Methanbakterien, die das austretende Methan gierig aufnehmen und veratmen, wird die Sauerstoffkonzentration im Boden herabgesetzt, so daß das Wurzelsystem zum Absterben verurteilt ist; außerdem verdrängt das Methan die Luft mechanisch aus dem Bodenraum. Gewöhnlich tritt dieser Tod dann ein, wenn der Sauerstoffgehalt im Boden unter 14–12% abgesunken ist. Gasschäden machen sich durch den widerlichen Geruch und durch eine auffallend violette Bodenverfärbung bemerkbar.

Gasverseuchte Böden müssen nach Abdichtung der Lecks mit einem Kompressor bei ungefähr 5 bar (4,0 atü) oder mit entsprechenden Belüftungsrohren saniert werden. Bei einer Neupflanzung ist die verseuchte Erde auszutauschen und das Pflanzloch für mindestens drei Monate, mit Sand und Kies angefüllt, zu durchlüften. Zwangsläufig stellen die meisten chemischen Substanzen, wie Öl, Teer, Zement, Säuren und ganz besonders Pestizide, eine Gefahr für den Baum dar; sie dürfen daher innerhalb der Baumscheibe weder gelagert noch ausgebracht werden.

2.3. Ohne Stammschutz kein Überleben

Bäume auf Parkplätzen und an frequentierten Straßen haben ohne ausreichenden Stammschutz nicht die geringste Überlebenschance. Sie werden von Autofahrern, die dem Baum gegenüber durchwegs Fahrerflucht begehen, unweigerlich zuschanden gefahren. Berichten von Autofahrern zufolge erhält man durchwegs den Eindruck, die Schuld bei Unfällen liege bei den Bäumen, die die Autofahrer gleichsam bedrängen oder sich auf sie zubewegen.

Selbstverständlich gehören Bäume nicht auf die Straße, sondern in entsprechendem Abstand an die Straße. Nach der Straßenverkehrsordnung müssen Alleebäume ein Lichtraumprofil von 4,5 m aufweisen. Im Freiland müssen Großbäume (wie Linde, Esche, Eiche, Berg-Ahorn) vom Straßenrand einen Abstand von 4 m und kleinere Bäume (Eberesche, Birke, Erle) einen Abstand von 2 m haben. In Siedlungsgebieten stehen Bäume gewöhnlich nur in 1–1,5 m Entfernung vom Straßenrand. Oft wurde der ursprünglich breitere Abstand durch spätere Straßenverbreiterungen verringert. Begleitpflanzungen an Verkehrswegen müssen richtig geplant werden, vor allem ist der Flächenbedarf dafür zu sichern. Straßen zerschneiden Tallandschaften und Biotope – eine landschaftsgerechte Einbindung ist ohnedies nur eine kleine „Entschädigung“ an die vergewaltigte Natur. Bei Straßenbegleitpflanzen sind nicht nur die seitlichen Abstände und die vorgeschriebene Kronenlichte zu berücksichtigen, es ist auch eine sorgfältige Artenwahl notwendig. Obstbäume und sonstige fruchtabwerfende Arten, die einstens für schmale Landstraßen charakteristisch waren, haben an frequentierten Straßen nichts zu suchen.

Junge Bäume müssen angepfählt werden. Die Verbindung zwischen Jungbaum und Pfahl muß elastisch sein, die Bäume dürfen dadurch nicht stranguliert werden. Junge Baumstämme sowie die Baumscheiben können durch höhere Bordsteine, durch stabile Holzpfähle, durch Baumbügel, durch Stahlrohrgestelle und eigene Stammgitter wirksam geschützt werden.

Wenn in Parkanlagen oder in Grünstreifen maschinell gemäht wird, so muß dafür gesorgt werden, daß die jungen Bäume nicht an der Stammbasis angemäht und verletzt werden.

Bei chirurgischen Wundbehandlungen an Stämmen ist eine ovale oder lanzettliche glatte Schnittführung und das Auftragen von Lac-Balsam für eine Wundheilung die Voraussetzung. Größere Baumhöhlen wurden früher mit Beton und Mauerwerk ausgefüllt. Ein solcher Wundverschluß führte vielfach zu inneren Spannungen, zu Rissen. Das auftretende Kondenswasser förderte das Pilzwachstum und die Holzzerstörung. Aus diesen Gründen bleiben die Wunden besser offen. Scheinblomben mit Entwässerungseinbauten (Drainrohre) und zusätzlichen Gewindestäben können nur vom baumchirurgischen Fachmann ausgeführt werden. In unseren

Breiten kann eine übertriebene „Baumchirurgie“ sehr leicht zu einem „lukrativen Unsinn“ und zu einem überflüssigen, kostspieligen Baumkult ausarten. Es ist daher stets abzuschätzen, ob es nicht sinnvoller ist, einen kräftigeren Jungbaum zu setzen, als ein Baumwrack für wenige Jahre zu retten.

Bäume sind keine Litfaßsäulen oder Plakatwände. Anschläge und Werbeplakate haben daher auf Baumstämmen nichts zu suchen. Die Hinweistafel auf ein Baum-Naturdenkmal ist nicht auf dem Stamm, sondern getrennt vom Baum anzubringen.

Obwohl nach der Grazer „Grünanlagen-Verordnung“ aus dem Jahre 1976 nach § 3, (2) a „das Abreißen oder Abschneiden von Blumen und Zweigen, das Erklettern, Anschneiden oder Kennzeichnen von Bäumen, das Anheften von Ankündigungen, Werbungen, Mitteilung u. dgl. an Bäumen“ verboten ist, wurde im Rahmen des Steirischen Herbstes im September 1983 ein ausgesprochener Baumfrevel begangen. In der unmittelbaren Umgebung des Grazer Stadtparkbrunnens, der später noch zusätzlich durch einen „rostigen Nagel“ verunstaltet wurde, wurden auf mehr als 20 Baumstämme bunte Hände gemalt, die noch immer deutlich zu sehen sind. Eine „New Yorker Künstlerin“ wollte mit dieser Aktion gegen das Abholzen im Himalaya demonstrieren. Es bleibt trotzdem unverständlich, weshalb dafür lebende Bäume mißbraucht werden mußten. Schäden im Stamm, insbesondere Hohlstellen, lassen sich durch verschiedene Methoden, am einfachsten durch Abklopfen des Stammes mit einem Plastikhammer, ermitteln. Zuverlässiger ist das Anbohren des Stammes

---

Bild rechts: Wenn ich die Schönheit der Bäume sehe, empfinde ich mich selbst wieder gut und schön

an mehreren Stellen mit einem Zuwachsbohrer. Aus der Jahresringbreite lassen sich gleichzeitig Rückschlüsse auf die Lebensbedingungen des Baumes ziehen.

2.4. Kronenschutz und Kronenpflege

Die Krone ist der auffallendste Teil des Baumes. Wie jeder Mensch ein charakteristisches Aussehen hat, so hat jeder Baum einen typischen Habitus, der vom Aussehen des Stammes und noch stärker durch die Krone bestimmt wird. In der Kronenpflege sind leider in den letzten Jahren durch zu radikale Schnittmaßnahmen zahlreiche Sünden begangen und viele Bäume zu Tode

Abb. 2: Baumkrone vor dem Auslichtungsschnitt (links) und nach dem Auslichtungsschnitt (rechts) (nach BERNATZKY 1983)

gepflegt worden. Jede Kronenpflege muß das typische Aussehen des Baumes erhalten und darf Bäume nicht zu Stummeln und besenartigen Gebilden degradieren (Abb. 2). Aus zahlreichen Beobachtungen wissen wir, daß radikale Schnittmaßnahmen sowohl Eintrittspforten für Wundparasiten, insbesondere für holzzerstörende Pilze, öffnen als auch in der Folge laufend Pflegeprobleme ergeben.

Bei der Roßkastanie morschen die Schnittwunden aus, sie werden brüchig und können kaum die neu ausgetriebenen Äste halten. Es sind daher nach solchen Radikalmaßnahmen immer wieder aufwendige Schnittmaßnahmen notwendig. Aus diesen Gründen sollte sich jede Kronenpflege auf das notwendigste Maß, auf das Beseitigen von abgestorbenen Ästen, auf einen Säuberungs-, Auslichtungs- und Entlastungsschnitt, beschränken. Sehr oft werden Alleen nur deshalb gekappt, weil sie zu stark beschatten. Auch in solchen Fällen müßte nur eine stärkere, fachgerechte Auslichtung der Krone, aber keine brutale Kappung angestrebt werden. Weil diese Baumverstümmelungen in manchen Städten ein bedrohliches Ausmaß angenommen haben, haben sich im Jahre 1981 zahlreiche österreichische Wissenschaftler in einer Aktion gegen die Baumverstümmelung gewendet.

Das Pflanzen von Bäumen ist inzwischen in vielen Dörfern, Ortschaften und Städten zu einer begrüßenswerten Einrichtung geworden. Die Baum- und Kronenpflege hingegen steckt immer noch in den Kinderschuhen. Es wäre empfehlenswert, auf einer der üblichen Bürgermeister- und Ortsbildtagungen den verantwortlichen Bürgermeistern anstatt einer Baumpflanzung einen fachgerechten Kronenschnitt zu demonstrieren. Auch die privaten Elektrizitätsgesellschaften, die in der Nähe von Stromleitungen meist Verstümmelungen an Bäumen durchführen, müßten dringend geschult und zu einem fachgerechten Baumschnitt angehalten werden.

Jeder notwendige Rückschnitt von Ästen muß an der Ansatzstelle des Astes in der Saftstromebene ohne Zurücklassen von häßlichen Stummelresten vorgenommen werden. Verbleibende Aststummel werden nicht mit Nährstoffen versorgt und vertrocknen. Ein jährlicher Rückschnitt, wie er z. B. bei Obstbäumen erfolgt, ist bei Bäumen in Stadt- und Siedlungsgebieten nicht nur unnötig, er ist sogar schädlich und führt stets zu zahlreichen Faul- und Infektionsstellen für holzzerstörende Pilze. Zum Unterschied von den Obstbäumen darf jedoch ein Baumschnitt bei Park- und Alleebäumen nicht in der Frostperiode ausgeführt werden; bei Minustemperaturen bricht und splittert das Holz leichter. Einige Baumarten, die sehr stark und schon frühzeitig „bluten", wie z. B. Ahorn, Hainbuche, Birke, Walnuß und Flügelnuß, werden daher am besten im Spätsommer oder im Herbst geschnitten. Daß alle Wunden mit Baumwachs oder Lac-Balsam behandelt werden, und zwar in einer umweltfreundlichen Farbe, ist eine zusätzliche vorsorgliche Schutzmaßnahme.

Bei Bäumen an Straßenrändern und auf frequentierten Plätzen ist aus Sicherheitsgründen eine sorgfältige und regelmäßige Kronenpflege notwendig. Gelegentlich müssen auch fachgerechte Kronenversicherungen durchgeführt werden. Früher wurden Äste und Stämme mit einem starren, ringförmigen Bandeisen zusammengehalten, dadurch wurden Rinde und Kambium eingeschnürt und das Dickenwachstum gehemmt.

3. Bedrohungen durch biologische Faktoren

Zu jedem Produzenten Baum gehören meist zahlreiche Konsumenten, tierische Organismen, die den Baum nicht nur als Biotop, sondern auch als Nahrungsquelle benutzen. Manche davon haben sich auf die Blätter spezialisiert, andere auf das Holz oder auf den Wurzelbereich. Dabei gibt es oft ganz enge Spezialisten, die nur an eine einzige Baumart angepaßt sind. Dazu kommen noch zahlreiche Organismen, mit denen einzelne Bäume in symbiotischer Wechselbeziehung leben, wie das von vielen Pilzen bekannt ist. Bäume in unseren künstlichen Lebensräumen, deren Vitalität ohnedies geschwächt ist, sind daher gegen manche „Mitesser" anfälliger, als das für Bäume unter natürlichen Verhältnissen der Fall ist.

Viele dieser tierischen Konsumenten sind keine Bedrohung für den Baum, zumal sie nicht jährlich in gleicher Intensität auftreten. Trotzdem werden ihre Auswirkungen als unangenehm empfunden. So darf nur an die Blattläuse erinnert werden, deren Ausscheidungen auf parkende Autos tropfen.

3.1. Holzzerstörende Pilze

Auch auf Bäumen in Stadtgebieten gibt es zahlreiche parasitische und saprophytische holzzerstörende Pilze, die äußerlich meist nicht sichtbar sind. Sobald ein Pilz-Fruchtkörper am Stamm erscheint, ist meist der Befall und die Holzzersetzung voll im Gange. Fruchtkörper von Pilzen sind daher immer Warnsignale für einen Pilzbefall. Solche Bäume müssen unbedingt auf ihre Standfestigkeit und Sicherheit überprüft werden. Häufige holzbewohnende Pilze bei uns sind z. B. der Schwefelporling *(Laetiporus sulphureus),* der Schuppenporling *(Polyporus squamosus),* der Samtporling *(Inonotus hispidus),* der Flache Lackporling *(Ganoderma applanatum),* der Austernseitling *(Pleurotus ostreatus),* der Zunderschwamm *(Fomes fomentarius)* und viele andere. Ein häufiger und in der Baumart nicht wählerischer Pilz ist der Hallimasch *(Armillaria mellea),* dessen Myzelstränge (Rhizomorphen) meterhoch zwischen Kambium und Holz stammaufwärts wandern. Seine Fruchtkörper erscheinen im Spätherbst immer am Boden oder am Stammfuß. Ihr Auftreten ist ein sicheres Zeichen für einen Pilzbefall des Baumes.

Zur Sanierung von durch Pilzbefall vermorschten Stammteilen ist das brüchige Holz gänzlich zu entfernen. Um die Fäulnis zu stoppen, kann das freigelegte Holz mit einem pilztötenden Mittel behandelt und mit Lac-Balsam versorgt werden.

3.2. Blattbräune der Roßkastanie

Auf den Blättern der Roßkastanie *(Aesculus hippocastanum)* tritt ein Pilz auf, der sich seit 1950 in Europa ausbreitet und in den letzten Jahren bei uns gehäuft zu beobachten ist. Der Pilz *Guignardia aesculi* ruft auf Roßkastanienblättern die Blattbräune hervor (Abb. 3). Die Blätter werden schon im Juli oder August braunfleckig, rollen sich ein und fallen ab. Diese unregelmäßig geformten Nekrosen sind oft von einem gelben bis hellbraunen Rand umgeben; sie dürfen nicht mit Salznekrosen oder ähnlichen Symptomen, die auf Trockenheit zurückgehen, verwechselt werden. Außerdem ist der Pilz noch an den schwarzen, punktförmigen Fruchtkör-

Abb. 3: Blattbräune bei der Roßkastanie. a: Symptome auf Blättern; b, c: Pyknidien; d: Sporen; e: Konidien (aus BUTIN 1983)

pern erkennbar. Als Gegenmaßnahme müßte vor allem das Herbstlaub entfernt werden.

3.3. Ulmensterben

Nicht so harmlos hingegen ist der Pilz *Ophiostoma ulmi* oder *Ceratocystis ulmi*. Als Heimat dieses Pilzes gilt Asien, wo er schon immer mit wenig krankheitsanfälligen Ulmen zusammenlebte. Im Jahre 1918 wurde der Pilz erstmalig in Frankreich und bald darauf in Holland beobachtet, von wo er sich epidemisch über ganz Europa ausbreitete. 1928 gelangte der Pilz in die USA. Um 1960, nachdem das Ulmensterben etwas nachgelassen hatte, kam neuerlich eine Welle des Ulmensterbens. Als Ursache gilt die Einschleppung einer sehr aggressiven *Ceratocystis ulmi*-Rasse aus Nordamerika, die auch die resistenten Formen dahinraffte. Das Ulmensterben tritt entweder als akutes Sterben, bei dem der Baum innerhalb von 2 Jahren oder noch rascher abstirbt, oder als chronisches, langsames Absterben der Krone auf. Der Pilz lebt in den wasserleitenden, großlumigen Gefäßen, die er verstopft. Dadurch wird die Wasserleitung unterbunden und die Tracheomykose (Gefäßkrankheit) ausgelöst. Der Pilz scheidet weiters Welketoxine aus, die zu einer erhöhten Thyllenbildung führen. Verbreitet wird der Pilz durch den Großen und Kleinen Ulmensplintkäfer (Abb. 4), die die Pilzsporen als junge Imagines in den Brutgängen aufnehmen und beim Reifefraß auf unbefallene Bäume übertragen. Der Pilz kann aber auch über Wurzelverwachsungen auf gesunde Bäume gelangen.

Als Bekämpfungsmaßnahmen der Holländischen Ulmenkrankheit wurde versucht, den Splintkäfer durch Insektizide zu reduzieren; es gibt inzwischen auch umweltfreundlichere Methoden zur Bekämpfung, z. B. mit Lockstoffen, sogenannten Pheromonen. Weiters können mit Hochdruckinjektionen Fungizide in die Trans-

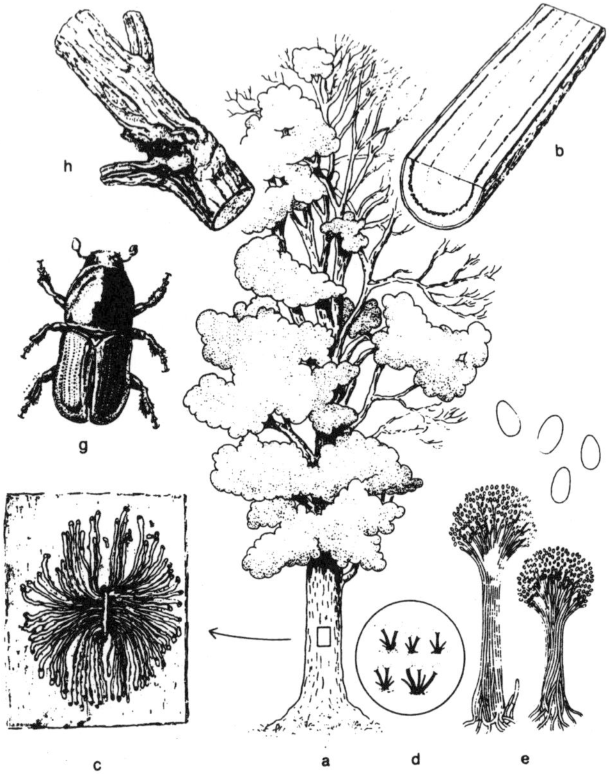

Abb. 4: Ulmenkrankheit. a: erkrankte Ulme; b: befallenes Holz; c: Freßgänge des Ulmen-Splintkäfers; d, e, f: Sporenbildung; g: Kleiner Ulmen-Splintkäfer; h: Fraßbild am Zweig (nach BUTIN 1983)

portbahnen des Holzes gebracht werden. Die Versuche mit resistenten Formen sind bisher noch nicht sehr befriedigend, so daß die Ulmen-Arten als Parkbäume nicht in Frage kommen.

3.4. Weymouthkiefer-Blasenrost

Bekannt sind die Probleme mit dem Weymouthkiefer-Blasenrost *(Cronartium ribicola),* auch Strobenrost genannt, der außer der Strobe oder Weymouthkiefer *(Pinus strobus)* ebenso alle übrigen fünfnadeligen Kieferarten befällt. Weniger gefährdet sind durch ihn *Pinus*

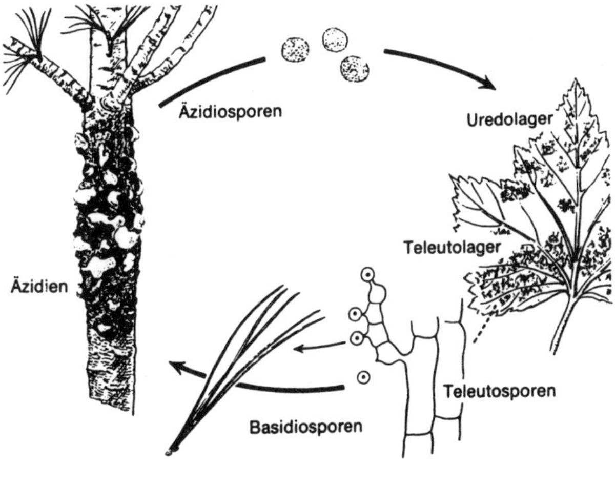

Abb. 5: Weymouthkiefer-Blasenrost. Sporenlager am Stamm (links) und auf den Blättern der Johannisbeere (rechts) (nach BUTIN 1983)

cembra und *Pinus peuce*. Auch die Tränenkiefer *(Pinus griffithii)* ist weniger anfällig. *Cronartium ribicola* ist ein wirtswechselnder Rostpilz, dessen Dikaryontenwirt *Ribes*-Arten sind. Wo beide Pflanzen gemeinsam vorkommen, befällt der Pilz die Strobe, in deren Rinde er blasenförmige, harzende Sporenlager (Äzidien) bildet (Abb. 5). Der Befall der Stroben kann durch Verwendung von rostresistenten *Ribes*-Arten oder durch die räumliche Trennung beider Wirtspflanzen verhindert werden. Als Sicherheitsabstand zwischen Strobe und Ribisel (Johannisbeere) oder Stachelbeere wird ein Abstand von mindestens 500 m angegeben.

3.5. Platanenkrankheiten

Ein neues Sterben, das besonders katastrophale Folgen hat, kommt auf uns zu, wenn der Platanenfarbkrebs Österreich erreicht. Er steht sozusagen vor den Toren Österreichs und rafft die P l a t a n e n in Italien dahin. Als Vorläufer ist vor kurzem, zuerst in Graz, die Platanen-Netzwanze *(Corythuca ciliata;* Abb. 6) aufgetreten, die sich in kurzer Zeit über alle wärmeren Bereiche der Ost- und Weststeiermark, wo Platanen kultiviert werden, ausgebreitet hat. Die schwärzlichen Larven und die weißlichen Imagines leben auf der Unterseite der Platanenblätter, wo sie schwarze, punktförmige Ausscheidungen zurücklassen.

Bei starkem Befall vergilben die Platanenblätter – das Chlorophyll wird abgebaut, und zwar zuerst längs der Hauptnerven –, vielfach fallen die Blätter vorzeitig ab. Den Winter überdauern die Wanzen im Boden, teilweise auch unter der Platanenborke. Bei tiefen Temperaturen geht zwar ein Teil der Wanzen zugrunde, aber

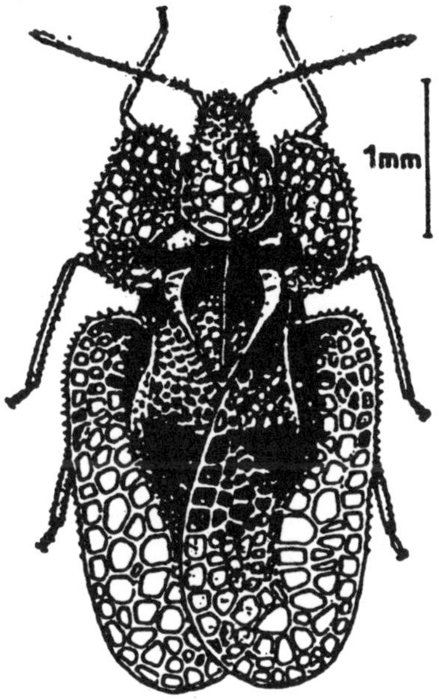

Abb. 6: Platanen-Netzwanze (stark vergrößert) (nach BUTIN 1983)

die überlebenden reichen leicht aus für einen Frühjahrsbefall. Diese Platanen-Netzwanze stammt ebenfalls aus Nordamerika; sie wurde in Europa zuerst 1964 in Padua nachgewiesen, und seither ist sie in allen südlichen Ländern und auch in Österreich in Massenvermehrung begriffen. In Österreich wurde sie erstmalig 1983 in Klagenfurt und im selben Jahr in einer Baumschule in Niederösterreich festgestellt.

Bedrohender für die Platanen als die Netzwanze ist jedoch der Platanenfarbkrebs *(Ceratocystis fimbriata for-*

ma platani), ein mit dem Verursacher des Ulmensterbens verwandter Pilz, der zum Glück bisher in Österreich noch nicht nachgewiesen wurde, der aber bereits unter den Platanenbeständen im benachbarten Norditalien wütet. Dieser Pilz dringt über die Rinde in den Stamm ein; dabei bringt er das Kambium zum Absterben und befällt anschließend das Splintholz, das sich zuerst bläulich und später braun verfärbt. Er verstopft ebenfalls die Gefäße, so daß die Wasserleitung unterbunden wird und es zur Platanenwelke kommt. Die Platanen sterben ungefähr 3–6 Jahre nach dem Befall ab.

Die Pilzinfektion erfolgt vor allem über Wunden. Generell gilt für die Infektion durch Pilze, daß sie durchwegs über Schnittwunden und Verletzungen gesunde Bäume befallen können. Schon aus diesem Grund sind Schnittmaßnahmen bei Bäumen auf das Mindestmaß zu beschränken. Versuche mit injizierten Fungiziden waren bisher noch wenig erfolgreich. Dieser Pilz wird auch von der erwähnten Platanen-Netzwanze übertragen, und es ist zu befürchten, daß dieser Pilz heute oder morgen unsere Platanen nicht nur bedroht, sondern daß sie zum Sterben verurteilt sind. In Triest werden keine Platanen mehr nachgepflanzt. Die Platane wird dort durch den Berg-Ahorn *(Acer pseudoplatanus)* ersetzt. In Österreich müßten alle Vorkehrungen getroffen werden, daß diese „Platanenseuche“ nicht mit Jungmaterial eingeschleppt wird.

Nicht neu und in allen Städten bekannt ist bei Platanen schon länger eine Pilzkrankheit, die sich im Absterben frisch ausgetriebene Blätter und junger Zweige äußert. Dieser Pilz (Abb. 7), der sich auffallend längs der Blattnerven ausbreitet und zackenförmige Nekrosen bzw. die Blattbräune der Platane hervorruft, hatte daher früher den lateinischen Namen *Gnomonia nervise-*

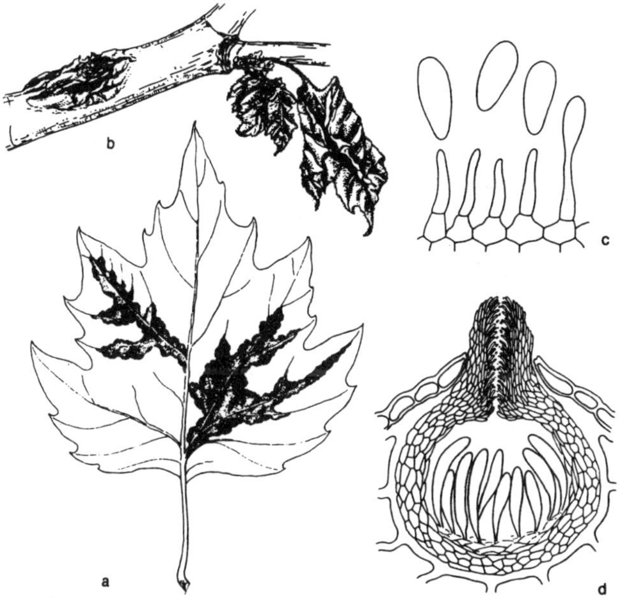

Abb. 7: Platanen-Blattbräune. a und b: Symptome an Rinde, jüngeren Blättern und älterem Blatt; c und d: Sporenlager (nach BUTIN 1983)

quum, der derzeit übliche Name ist *Apiognomonia veneta*. Besonders häufig tritt der Pilz in feucht-kühlen Frühjahrsmonaten auf, bei Temperaturen unter 12° C.

Zur Bekämpfung wird empfohlen, im Herbst das Fallaub zu entfernen, in dem sich im Frühjahr die Askosporen entwickeln, die die Primärinfektion der Blätter verursachen. Dieser Pilz kann außerdem noch Rindenschäden hervorrufen. Nur ergänzend sei hier angeführt, daß auf Platanenblättern häufig ein kleiner Schmetterling *(Lithocolletis platani)* anzutreffen ist, dessen Larven unter der Epidermis im Blattgewebe leben.

3.6. Edelkastanien-Rindenkrebs

Schließlich muß noch auf einen Pilz aufmerksam gemacht werden, der als jüngster im Bunde einen im Weinbauklima weit verbreiteten Charakterbaum der Ost- und Weststeiermark befällt. Die Edelkastanie ist mit dem Weinbau eng verbunden. Früher wurde das widerstandsfähige Kernholz im Weinbau verwendet, aber auch der Kastanienhonig und die „gebratenen Baumkesten“, die zum gärenden Wein, zum Sturm, gehören, sind bekannte Produkte, die die Edelkastanie *(Castanea sativa)* liefert. Die Edelkastanie wird durch den Kastanien-Rindenkrebs *(Endothia parasitica)* bedroht, der erst 1938 von Nordamerika nach Europa gekommen ist. In Amerika wurden große Bestände von *Castanea dentata* vernichtet.

Diese Rindenkrankheit hat seither in Südfrankreich, Italien, Spanien und in der Schweiz (Tessin) zu schweren Schäden geführt. Der Pilz befällt die junge Rinde der Edelkastanie, an der rötliche Flecken entstehen; die Rinde bricht auf und stirbt ab. Der Pilz ist am fächerförmigen, cremefarbenen Myzel zwischen Rinde und Holz erkennbar (Abb. 8). Auf anderen Buchengewächsen, die er ebenfalls befällt, ist er bedeutungslos. Nach dem Absterben des Baumes treten auffallende Stockausschläge bei der Kastanie auf, die noch mehrere Jahre überleben können. Wie bei allen Pilzen ist auch an diesen Pilz mit chemischen Mitteln kaum heranzukommen.

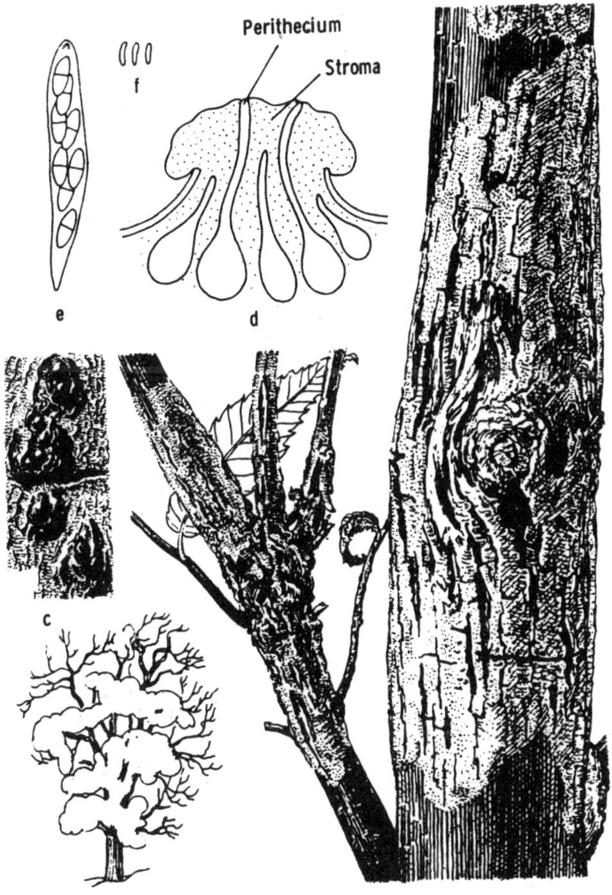

Abb. 8: Kastanien-Rindenkrebs. a und b: Befallsbilder von Stamm und Ästen; c und d: Sporenbildung; e: Ascus mit Sporen; f: Sporen (nach BUTIN & ZYCHA 1973)

In der Schweiz wurde versucht, gegen den Pilz widerstandsfähige Sorten zu züchten, die außerdem noch mit der resistenten ostasiatischen *Castanea crenata* gekreuzt wurden. In der Steiermark müßte dringend eine Bestandsaufnahme über die Befallsintensität unserer Edelkastanie durch den Kastanien-Rindenkrebs durchgeführt werden, und insbesondere sollten Vorkehrungen getroffen werden, um diesen charakteristischen Nutzbaum unserer Heimat zu erhalten.

3.7. Mistel- und Eichenriemenmistel-Befall

Ein bekannter pflanzlicher Parasit, der oft Solitärbäume und ungepflegte, alte Obstbäume befällt, ist die immergrüne Mistel *(Viscum album).* Viel schlimmer wirkt sich der Befall der Eichen-Arten in pannonisch beeinflußten Gebieten mit der Eichen-Riemenmistel *(Loranthus europaeus)* aus, der in wärmeren Gebieten für die Eichenbestände lebensbedrohend ist. Bei uns in der Steiermark ist diese sommergrüne Eichen-Riemenmistel eine Seltenheit, die z. B. im Tiergarten Herberstein auf alten Edelkastanien und auf Eichen in der Umgebung von Klöch vorkommt.

Der Efeu *(Herdera helix)* wird oft fälschlich für einen Schmarotzer gehalten. Er ist eine immergrüne Schlingpflanze, die im Boden wurzelt und sich auf Baumstämmen mit ihren Haftwurzeln nur festhält, ohne den Baum zu schädigen. Wenn er allerdings die Baumkrone überwächst, kann er ihr Wachstum beeinträchtigen. Flech-

---

Bild rechts: Ich kenne Bäume, die mich ermahnen und zur Besinnung rufen

ten und manche Baummoose benützen die Bäume ebenfalls nur als Unterlage.

4. Bedrohungen durch abiotische Faktoren

Darunter werden alle Einflüsse und Schäden an Bäumen zusammengefaßt, die durch die Temperatur (Frost, Hitze), durch Blitzschlag, Hagel, Wind- und Schneebruch entstehen. Es ist allgemein bekannt, daß zahlreiche fremdländische Arten Opfer des Frostes werden und in extremen Wintern völlig ab- oder bis auf den Wurzelbereich zurückfrieren. Manche Nadelbäume, so z. B. die von Natur aus an der Waldgrenze lebende fünfnadelige Zirbelkiefer *(Pinus cembra),* leiden in der Ebene unter Frosttrocknis. Ähnliches gilt für den Mammutbaum, der im Winter oft sein grünes Aussehen verliert und dessen Nadeln sich bräunlich verfärben. Meist erholen sich diese Bäume jedoch in der nächsten Vegetationsperiode. Auffallender sind in strengen Wintern die Frostrisse, die an Stämmen mancher Bäume auftreten und durch ungleiche Erwärmung der Stammseiten sowie Spannungen im Holz entstehen. Diese Frostrisse wachsen in den Sommermonaten zu, sie werden überwallt, brechen aber in den Wintermonaten regelmäßig auf.

Schwankungen im Wasserhaushalt, insbesondere Absenkung des Grundwassers, machen Birken zu schaffen, deren äußerste Zweige zuerst vertrocknen. Zu große Hitze führt zu vorzeitigem Welken bzw. zu Trockenschäden an Blättern.

Bild links: Ein Baum ist aus einem Stoff, der zu mir gut ist

Auch der Blitz fordert immer wieder Opfer, wobei er auf bekannte Regeln, wie „Buchen sollst du suchen" oder „Fichten sollst du flüchten", sehr wenig Rücksicht nimmt. Er ist unberechenbar. Daß er besonders exponierte Bäume aufsucht, ist verständlich. So bevorzugt er in Parkanlagen besonders ältere Mammutbäume. Es sind zahlreiche Fälle von über 100jährigen Mammutbäumen bekannt, deren Stamm vom Blitz gespalten wurde, aber auch von Fichten, Eichen, Tulpenbäumen u. a., in die der Blitz eingeschlagen hat. Nicht immer lassen sich Blitzschäden baumchirurgisch sanieren.

Plötzliche Freistellung führt bei jungen und glattrindigen Bäumen sehr leicht zum Rindenbrand. Freigestellte Buchen *(Fagus sylvatica)* fallen ihm häufig zum Opfer. In Graz sind die alten Roßkastanien am Jakominiplatz deshalb zugrunde gegangen, weil ein radikaler Kronenschnitt die prallen Sonnenstrahlen auf die Rinde gelangen ließ.

Zum Schutz der Rinde können die Stämme mit Jute bandagiert und mit Lehm bestrichen werden. Oft genügt schon ein Anstrich der glattrindigen Stämme mit Lehm oder mit Kaolinerde.

Der verspätete Schneefall in der Nacht vom 23. zum 24. April 1988 hat vor allem bei der Roßkastanie zu zahlreichen Schneebrüchen geführt. Die Roßkastanie war zur Zeit des Schneefalles vegetationsmäßig am weitesten entwickelt. Von den rund 1000 näher untersuchten Roßkastanien im Grazer Ring- und Stadtparkbereich wiesen etwa 150 Roßkastanien abgebrochene Äste auf. Die stärksten Äste hatten einen Umfang von 56, 59, 78, 90 und 92 Zentimeter. Dabei waren überwiegend gesunde Äste der Schneelast nicht gewachsen.

Wenn wir weiterhin die Bäume in unseren Siedlungsgebieten der Willkür der Bewohner und ihrem eigenen Schicksal überlassen, werden wir schon in absehbarer Zeit einer „baumlosen Zukunft" entgegengehen.

Ältere Bäume sind besser in die künstliche Siedlungsumwelt eingepaßt; sie werden auch besser mit der Streß-Situation fertig. Der Altbaumbestand bedarf daher der regelmäßigen Pflege, die leider in unseren Städten vielfach vernachlässigt wird. Außerdem ist die Umweltverbesserung eines älteren Baumes unvergleichlich höher als die eines Jungbaumes. Nach BERNATZKY 1983, S. 27, kann die gleiche Funktion eines Baumes von 25 m Höhe, einer Kronenbreite von 14 m und einem Kronenvolumen von 2700 m^3 nach einer Fällung nur von 5400 Jungbäumen mit einem Kronenvolumen von je 0,5 m^3 ersetzt werden.

Für die regelmäßig notwendigen Pflegemaßnahmen leistet ein Baumkataster gute Dienste. Er ist überhaupt die Planungsgrundlage der Baumpflege. Ein solcher Baumkataster stellt nicht nur eine genaue Bestandsaufnahme des Baumbestandes dar, er muß ebenso notwendige Pflege- und Sanierungsmaßnahmen bzw. Vorschläge für Neupflanzungen enthalten. Ein solcher Baumkataster muß ständig erneuert und ergänzt, erweitert und verbessert werden. Außer einfach zu handhabenden Baumkataster-Karteien kann heute ein solcher Kataster auf elektronischer Basis angelegt werden. In Graz wurde mit der Erstellung eines karteimäßigen Baumkatasters bereits im Jahre 1976 begonnen.

Nach allen bisher vorliegenden Erfahrungen haben Bäume auf Baustellen kaum eine Überlebenschance. Trotz verschiedener Schutzvorkehrungen (Stamm- und

Wurzelschutz) werden sie früher oder später ein Opfer des Baugeschehens. Die einzige Möglichkeit zur Rettung eines solchen Baumbestandes ist nur gegeben, wenn bereits im Planungsstadium entsprechend große Bauabstände festgelegt werden. Ansonsten ist es sinnvoller, alle Bäume im Baubereich zu fällen, die dann nach Fertigstellung des Bauvorhabens aufgrund eines verbindlichen Bepflanzungsplanes durch größere Bäume ersetzt werden müssen.

Für sämtliche Parkplätze muß eine verbindliche Bepflanzung vorgesehen werden. Bei entsprechender Planung haben Bäume und Autos nebeneinander Platz, ohne daß dadurch große Abstellflächen verlorengehen. Eine nachträgliche Bepflanzung von Parkplätzen ist allerdings immer mit höheren Kosten verbunden.

BOERNER & KOCH 1981, S. 9, sagen zum Gehölzschnitt: „Das Schneiden ist sicher kein lebensnotwendiger Vorgang, wird uns doch in der Natur vor Augen geführt, daß es auch ohne solche Eingriffe geht". Trotzdem bedürfen besonders die Laubbäume in unseren künstlichen Lebensräumen einer sorgfältigen Kronenpflege. Nadelbäume werden nur ausnahmsweise geschnitten oder gar verstümmelt. Zu den Pflegemaßnahmen gehört regelmäßiges Entfernen von dürren und abgebrochenen Ästen, besonders nach stärkeren Gewittern und Stürmen. Eine Kronenpflege, sei es ein Auslichtungs- oder Entlastungsschnitt, ist dann art-und baumgerecht ausgeführt, wenn der Eingriff nachher kaum auffällt. Das gilt übrigens genauso für den Schnitt der Sträucher. „Kopflose" und gekappte Kronen müssen der Vergangenheit angehören, schon deshalb, weil diese radikalen Kronenverstümmelungen regelmäßige und aufwendige Pflegemaßnahmen nach sich ziehen. Selbst bei überalteten Pyramidenpappeln kann durch ungleichmäßige Zurücknahme der fast senkrecht stehenden Äste die Kronenform gewahrt werden.

Stammaustriebe und „Johannistriebe“, wie sie häufig bei den Linden auftreten, müssen nur dann entfernt werden, wenn sie in Straßennähe die Sicht behindern und so die Verkehrssicherheit gefährden.

Eng gepflanzte Alleen verursachen große Probleme bei der Verjüngung. In einer Zeit des Wald- und Baumsterbens ist es nicht vertretbar, daß ganze gesunde Alleenabschnitte in einer Stadt im Zuge einer Alleenverjüngung umgeschnitten werden. Die Verjüngung einer Allee muß stets auf wirklich kranke Bäume beschränkt bleiben, auch wenn eine Allee dadurch vorübergehend ein uneinheitliches Bild ergibt.

Eine Möglichkeit zur Verbesserung der Lebensbedingungen der Bäume besteht in der Düngung. Welche Nährstoffe benötigt werden, kann allerdings nur durch eine Bodenuntersuchung ermittelt werden. Bäume, denen jährlich das Laub entzogen wird, und Bäume mit eingeschränktem Bodenraum müssen von Zeit zu Zeit ebenso gedüngt werden wie Bäume, die verpflanzt oder baumchirurgisch behandelt wurden oder unter Streusalzeinfluß leiden. Zur Düngung von Altbäumen hat sich die Tieflochdüngung mit einem mineralisch-organischen Dünger bewährt, der den Stickstoff möglichst langsam abgibt. Ein solcher spezieller Langzeitdünger ist das „Baumfutter“, ein organisch-mineralischer Stickstoff-Phosphor-Kali-Dünger. Zur Düngung werden in einem Abstand von 1 m vom Stamm im Wurzelbereich Löcher mit 5 cm Durchmesser, etwa 40–60 cm Tiefe und einem Abstand von 60 cm voneinander in den Boden gebohrt und mit dem Langzeitdünger (200–400 g) gefüllt. Die Löcher bleiben offen. Gedüngt kann vom Frühjahr (Knospenaufbruch) bis zum Herbst werden. Eine oberflächliche Düngung auf eine Rasendecke unter Bäumen kommt nur dem Rasen zugute. Eine rasche Düngerwirkung wird mit einem Flüssigdünger (z. B. einer Arbostrat-Nährlösung) oder in besonderen Fällen durch eine Injektion des Flüssigdüngers unter Druck in die wasserleitenden Gefäße erreicht.

Jede Anwendung von Pestiziden sollte in dicht besiedelten Wohngebieten möglichst vermieden werden. In Graz wurden Blattläuse auf Linden, deren herabtropfender zuckerhältiger Saft Kaffeehausgäste belästigte, unverständlicherweise mit giftigem Metasystox bekämpft!

Auf Baumscheiben, die sich selbst überlassen bleiben, kommt bald eine Ruderalflora auf, die früher abwertend als „Unkraut“ bezeichnet wurde. In einer Zeit erhöhten Umweltbewußtseins sollte dieser Wildpflanzenbewuchs wie auch das Grün zwischen den Pflasterfugen belassen werden. Eine bereits erwähnte Unterpflanzung oder ein Aufbringen einer Rinden-Mulch vermag das Aufkommen von Wildpflanzen zu verhindern.

Für spezielle Pflegemaßnahmen baumchirurgischer Art hat sich in größeren Städten die Schaffung eines Baumpflegetrupps bestens bewährt. Der Baumpflegetrupp des Stadtgartenamtes Graz besteht aus 5 Mitarbeitern. Einige davon haben eine Spezialausbildung in Heidelberg erfahren. Ein solcher Baumpflegetrupp muß natürlich mit entsprechenden Geräten und Fahrzeugen ausgestattet sein. Für Arbeiten im Kronenbereich ist ein Gelenksteiger unumgänglich. Für chirurgische Arbeiten und Baumpflegemaßnahmen im privaten Bereich ist eine enge Zusammenarbeit zwischen Stadtgartenamt und privaten Baumpflege-Firmen notwendig.

Zur Beratung steht in Graz weiters ein Baum-Expertenteam zur Verfügung, dem Mitarbeiter des Stadtgartenamtes, aber auch sonstige Fachleute angehören. Bisher wurden Begutachtungen von Ansuchen für private Baumschlägerungen aufgrund der Baumschutzverordnung von drei Mitarbeitern des Stadtgartenamtes in leider nicht immer befriedigender Weise erledigt. Es ist unverständlich, weshalb hier nicht eine entsprechende Zusammenarbeit zwischen Baum-Expertenteam und den Gutachtern möglich ist.

6. *Neupflanzungen*

Besonderer Sorgfalt bedürfen alle Neupflanzungen. Schon die Standortwahl muß so erfolgen, daß der Baum eine möglichst lange Lebensdauer ohne allzu aufwendige Hilfsmittel (z. B. Bewässerungsanlagen) erreichen kann. Dabei ist auf Feuerwehrzufahrten genauso zu achten wie auf vorhandene unter- oder oberirdische Versorgungsleitungen. Viele Probleme treten erst nachträglich, wenn die Bäume größer geworden sind, auf, wie z. B. zu geringe Abstände von Grundstücksgrenzen, Bauwerken oder fundamentierten Zäunen. Auch die Baumabstände in Alleen sind oft zu eng ausgewählt.

Baumpflanzungen in Siedlungsgebieten dürfen nicht isoliert erfolgen; sie müssen stets an vorhandene Alleen, Baumgruppen und Grünflächen anschließen, so daß ein vernetztes Grünsystem entsteht, das ebenso mit dem Umlandgrün in Verbindung ist.

Bäume in Trögen und Containern, die den Vorteil haben, daß sie transportabel sind, sind eine aufwendige Notlösung und sollten daher nur ausnahmsweise, z. B.

in Fußgängerzonen, verwendet werden. Großbaumverpflanzungen sind nur dann erfolgreich, wenn ein entsprechend großer Bodenanteil mit den Wurzeln mitverpflanzt wird. Der Wurzelraumdurchmesser muß etwa den 10- bis 15fachen Stammdurchmesser ausmachen.

Außerordentlich wichtig ist die richtige Artenwahl. Bei beengten Standorten wird man kleinkronige oder schmalkronige Formen (Säulenformen) bevorzugen. Für größerkronige Bäume sind Pflanzabstände von 8–12 m notwendig. Bei der Artenwahl ist heute eindeutig unserem einheimischen, bodenständigen und an unser Klima besser angepaßten Baum- und Strauchmaterial der Vorzug zu geben.

Einige Baumarten (z. B. Ulme und Weymouthkiefer) wird man in Hinkunft nicht mehr anpflanzen, Bäume mit herabfallenden, größeren Früchten (Obstbäume, Roßkastanie) eignen sich ebenfalls nicht überall zur Anpflanzung. Bei weiblichen Pappeln muß an die Samenwollhaare erinnert werden, wenn sie in Siedlungsgebieten angepflanzt werden. Pyramiden-Pappeln sind steril und bilden keine Wollsamen aus. Alle Pappelarten und Pappelsorten sind zwar raschwüchsig, aber, verglichen mit anderen Baumarten, kurzlebig. Wegen der spontan auftretenden Astabwürfe und des brüchigen Holzes sollen Pappeln an verkehrsreichen Stellen vermieden werden. Birken entwickeln eine Unmenge kleiner Samen, die, zu nahe an Fenster gepflanzt, in alle Wohnräume verweht werden. Platanen, deren austreibende Blätter von Haaren bedeckt sind, können allergische Reaktionen hervorrufen. Die fleischigen Samen der weiblichen Ginkgo-Pflanzen können im Herbst, vor allem in wärmeren Gebieten, einen unangenehmen Geruch verbreiten. In Verbindung mit den beiden häufig kultivierten

Linden, der Krimlinde *(Tilia euchlora)* und der Silberlinde *(Tilia tomentosa)*, wurden bei Bienen und Hummeln Vergiftungen und Stoffwechselstörungen festgestellt, die auf den im Nektar vorhandenen Zucker Mannose zurückgeführt werden.

In historischen Parkanlagen, Englischen Landschaftsgärten, sollte allerdings der charakteristische Baumbestand erhalten und regelmäßig ergänzt werden. Nach wie vor haben Laubbäume in Stadtgebieten eine größere Überlebenschance als Nadelbäume. Leider wurde in den letzten Jahren fremdländischen Nadelbäumen, auch im ländlichen Raum, vielfach der Vorzug gegeben.

Zur Nachpflanzung muß bestes Pflanzmaterial mit einem Mindeststammumfang von 18/20 cm verwendet werden, es muß ungezwieselt (ungegabelt) sein und einen durchgehenden Leittrieb aufweisen. Nur in der Baumschule verschulte (verpflanzte) Bäume mit einem Erdballen wachsen rasch und gut an. Auf keinen Fall eignen sich aus einem Wald ausgegrabene Bäume für Neupflanzungen in Stadtgebieten.

Für die Pflanzung muß ein Pflanzloch in einer Größe von mindestens 2 x 2 m und 1 m Tiefe mit bestem Erdmaterial vorbereitet werden. Selbstverständlich ist eine regelmäßige Nachbetreuung und Aufbaupflege jeder Neupflanzung notwendig.

In Graz, aber ebenso in anderen Städten wurde die Bevölkerung zu Baumpatenschaften eingeladen. Jeder Baumpate bezahlt für seinen Baum S 2000,–. Der Baum wird vom Stadtgartenamt gepflanzt und mit einer leider zu aufdringlichen Hinweistafel auf den Spender versehen. In der Bundesrepublik sind die Baumpaten nicht nur zahlende Baumfreunde, sie übernehmen sogar die weitere Betreuung für den Baum, die vertragsmäßig geregelt wird.

7. *Gesetzlicher Baumschutz*

Wie aus der „Fürstlichen Chaussee-Ordnung“ vom Jahre 1803 ersichtlich ist, mußten die Bäume an den Straßen schon zu Beginn des vorigen Jahrhunderts vor der Willkür des Menschen geschützt werden (Abb. 9). Nach dem Reichsnaturschutzgesetz aus dem Jahre 1935 konnten lt. § 3 „alte oder seltene Bäume“ zu Naturdenkmalen erklärt werden. Nach allen Landes-Naturschutzgesetzen können Einzelbäume und Alleen als Naturdenkmale gesetzlichen Schutz erhalten. In der Steiermark allerdings muß jeder Baum einer Allee oder

EXTRACTUS

Fürstlicher CHAUSSEE - Ordnung.

I. Das Chaussée - Geld wird zu Langen, Arheilgen, Darmstadt, Eberstadt, Bickenbach, Auerbach, bezahlt, wer solches unterschlägt, giebt für jeden nicht bezahlten Kreuzer Einen Gulden Strafe.

II. Jeder Fahrende soll dem andern, der ihm begegnet, rechts ausweichen, und sich überhaupt immer auf der rechten Seite der Chaussée halten, bey Einem Rthlr. Strafe.

III. Auf den Fußwegen und über die Gräben ist zu fahren, zu reiten oder Vieh darüber zu treiben verboten; bey Straf von jedem Stück grosen Viehes Ein Gulden, von einem Schwein Zehen Kreuzer, von einem Schaaf Sechs Kreuzer – von einem ganzen Pferch oder einer Heerde Fünf Gulden.

IV. Wer einen Baum oder diesen Anschlag muthwillig beschädigt, kommt ins Zuchthaus – wird auch, nach Umständen, zur öffentlichen Straßenarbeit an einen Schubkarn angeschlossen.

V. Wer einen boshaften Frevler an den Chaussée - Bäumen ertappt, und ihn des Frevels überführen kann, bekommt Funfzig Gulden Belohnung, aus des Frevlers Vermögen, und wann dieser so viel nicht im Vermögen hat, aus der Chaussée - Kasse.

Darmstadt den 11ten July 1803.

Fürstlich Hessische Steuer- und Strassenbau-Deputation daselbst.

Abb. 9: „Chaussee“-Ordnung aus dem Jahre 1803

einer Baumgruppe zum Naturdenkmal bzw. die ganze Allee oder Baumgruppe zum geschützten Landschaftsteil erklärt werden. Ebenso sieht § 11 des Steiermärkischen Naturschutzgesetzes den Schutz von künstlich angelegten Park- und Gartenanlagen sowie Freizeitflächen vor. Nach dem Kärntner Naturschutzgesetz aus dem Jahre 1986 können nach § 26 „kleinräumige, naturnah erhaltene Landschaftsteile" als „geschützte Grünbestände" ausgewiesen werden. Für künstliche Garten- und Parkanlagen, die einer ganz anderen Pflege und Betreuung als naturnahe Ökosysteme bedürfen, müßte eigentlich eine eigene Schutzkategorie (geschützte Parkanlagen) vorgesehen werden.

Für die Erhaltung und Pflege eines Naturdenkmales bleibt auch nach der Unterschutzstellung der Eigentümer verantwortlich.

Um die Bäume in Siedlungsgebieten vor der Willkür der Bewohner zu schützen, haben zahlreiche deutsche Städte nach dem Krieg Baumschutzverordnungen erlassen, die sich auf den gesamten Baumbestand einer Stadt beziehen. Es wurde die Mehrzahl der Bäume (mit etwa 50 cm Umfang in 1 m Höhe über dem Erdboden) unter Schutz gestellt. In den Schutz einbezogen sind Nußbäume und Edelkastanien, nicht geschützt sind hingegen die übrigen Nutzbäume, insbesondere die Obstbäume. In Frankfurt hat der Magistrat inzwischen eine Schutzverordnung für Streuobstwiesen erlassen. Danach dürfen auch hochstämmige Obstbäume nicht mehr abgeholzt werden.

Seit dem Jahre 1976 bestand auch in Graz, in Anlehnung an die deutschen Vorschriften, eine Baumschutzverordnung, in der der Schutz und die Pflege, das Entfernen von Bäumen mit mehr als 50 cm Stammumfang und die Anlage von Ersatzpflanzungen geregelt wurden.

Der Verfassungsgerichtshof ist zur Erkenntnis gekommen, daß die Stadt Graz über keine ausreichende Rechtsgrundlage für die seit 1976 bestehende „Grünflächen- und Baumschutzverordnung" verfügt. Aus diesem Grund ist die Verordnung mit Ende Mai 1989 außer Kraft getreten. Während des schutzlosen Zustandes wurden in Graz in kürzester Zeit einige hundert Bäume umgeschnitten. Um dieses unverantwortliche „Baummorden" einzustellen, wurde inzwischen für die Stadt Graz eine provisorische Baumschutz-Verordnung erlassen. Weiters wurde der Entwurf eines Steiermärkischen Baumschutzgesetzes bis zum 25. September 1989 zur Begutachtung vorgelegt. Mit diesem neuen Baumschutzgesetz sollte den steirischen Gemeinden landesweit die Möglichkeit gegeben werden, entsprechende Schutzmaßnahmen für den Baumbestand durch Verordnung vorzusehen, wobei den Gemeinden ein entsprechender Gestaltungsspielraum eingeräumt wird. Es ist allerdings zu erwarten, daß entsprechende Verordnungen zum Schutze des Baumbestandes in erster Linie von Gemeinden mit städtischem Charakter erlassen werden.

In Wien gibt es schon seit 1974 ein Baumschutzgesetz. Bei einer Novellierung des Wiener Baumschutzgesetzes sollen sogar die Obstbäume in den Schutz einbezogen werden. In Salzburg wurde bereits 1983 ein Vorschlag für ein Baumschutzgesetz erarbeitet, das jedoch nie in Kraft getreten ist. In der Steiermark hat die Stadt Kapfenberg ebenfalls eine Baumschutzverordnung erlassen.

Nach dem inzwischen überholten Steiermärkischen Pflanzenschutzgesetz aus dem Jahre 1951 müssen Liegenschaftseigentümer ihre Grundstücke von „Unkraut" freihalten. Dieses Landesgesetz müßte dringend neu überdacht und geändert werden (vgl. LGBl. Nr. 1/1951). Im Jahre 1982 wurde ein Landesgesetz über den Schutz der landwirtschaftlichen Betriebsflächen beschlossen. Nach diesem Gesetz kann die Bezirkshauptmannschaft bei Schatteneinwirkungen von Bäumen auf einen Acker durch Bescheid feststellen, ob die Bäume zu entfernen oder zu schneiden sind. In § 3 dieses Landesgesetzes wird weiters geregelt, daß Bäume, Sträucher und Hecken nur in einem Mindestabstand von 0,5 m vom Nachbargrundstück gepflanzt werden dürfen. Wenn diese Gehölze jedoch über 2 m hoch werden, muß ein Mindestabstand von 2 m eingehalten werden. Wird jedoch die Nutzung einer landwirtschaftlichen Betriebsfläche durch den Schatten von Gehölzen, die über 2 m hoch sind, gefährdet, sind innerhalb eines 4 m breiten Streifens die Gewächse zu entfernen. Das Gesetz gibt weiters die Möglichkeit, auch jene Gehölze an der Nachbargrenze entfernen zu lassen, die in den Hofraum oder über Mauern und Abgrenzungen wachsen und die Nutzung der landwirtschaftlichen Betriebsfläche erschweren. Dieses Gesetz gilt nur für landwirtschaftliche Grundstücke. Als solche gelten im Sinne des Gesetzes Grünflächen, die im Rahmen eines landwirtschaftlichen Betriebes der Erzeugung der Pflanzen bzw. deren Bringung dienen, einschließlich der Hofräume und Gärten.

Das Allgemeine Bürgerliche Gesetzbuch (ABGB) befaßt sich in zwei Paragraphen mit dem Baum:

> „§ 421 (Grenzbaum) Das Eigentum eines Baumes wird nicht nach den Wurzeln, die sich in einem angrenzenden Grunde verbreiten, sondern nach dem Stamme bestimmt, der aus dem Grunde hervorragt. Steht der Stamm auf den Grenzen mehrerer Eigentümer, so ist ihnen der Baum gemein.“

„§ 422 (Überhangsrecht) Jeder Grundeigentümer kann die Wurzeln eines fremden Baumes aus seinem Boden reißen, und die über seinem Luftraume hängenden Äste abschneiden oder sonst nützen."

§ 421 sagt deutlich, daß sich das Eigentum an einem Baum nicht danach richtet, in wessen Grund und Boden die Wurzeln verlaufen, sondern auf welchem Grund sich der Stamm befindet. Ein Grenzbaum, dessen Stamm auf der Grenze mehrerer Liegenschaften aus dem Boden hervorragt, ist den angrenzenden Eigentümern „gemein". Nach KOZIOL & WELSER 1988:43 ist jedoch strittig, ob das Gesetz damit real geteiltes Eigentum oder Miteigentum meint.

§ 422 räumt dem Nachbarn ein Selbsthilferecht ein. Jeder Grundeigentümer kann nämlich die Wurzeln eines fremden Baumes aus seinem Boden entfernen und ausreißen und die über seinem Luftraume hängenden Äste abschneiden oder sonst nützen. Aus diesem Benützungsrecht erfolgt auch, daß der Grundeigentümer die Früchte von jenen Ästen nützen darf, die sich über seinem Boden befinden („Überhangsrecht"). Ein „Überfallsrecht" kennt das ABGB nicht. Der Baumeigentümer kann daher jene Früchte zurückverlangen, die von nicht überhängenden Ästen auf den fremden Grund gefallen sind (vgl. dazu: ABGB 1986; KOZIOL & WELSER 1988).

In der Straßenverkehrsordnung (STVO, 14. Novelle) wird im Interesse einer vorbeugenden Verkehrssicherheit in § 91 für „Bäume und Einfriedungen neben der Straße" folgende Regelung getroffen (vgl. STVO mit Erläuterungen v. P. SOCHE 1987):

§ 91 Bäume und Einfriedungen neben der Straße

(1) Die Behörde hat den Grundeigentümer aufzufordern, Bäume, Sträucher, Hecken und dergleichen,

welche die Verkehrssicherheit, insbesondere die freie Sicht über den Straßenverlauf oder auf die Einrichtungen zur Regelung und Sicherung des Verkehrs, oder welche die Benützbarkeit der Straße einschließlich der auf oder über ihr befindlichen, dem Straßenverkehr dienenden Anlagen, z. B. Oberleitungs- und Beleuchtungsanlagen, beeinträchtigen, auszuästen oder zu entfernen.

(2) Ein Anspruch auf Entschädigung für die Ausästung oder Beseitigung (Abs. 1) besteht nur bei Obstbäumen, die nicht in den Luftraum über die Straße hineinragen. Über die Entschädigung entscheidet die Behörde nach den Bestimmungen des Eisenbahnenteignungsgesetzes 1954.

(3) An Einfriedungen, die von einer Straße nicht mehr als zwei Meter entfernt sind, dürfen spitze Gegenstände, wie Stacheldraht und Glasscherben, nur in einer Höhe von mehr als zwei Metern über der Straße und nur so angebracht werden, daß eine Gefährdung der Straßenbenützer nicht möglich ist.

(4) Elektrisch geladene Drahteinfriedungen, z. B. Weidezäune, dürfen nur in einer Entfernung von mehr als zwei Metern von der Straße entfernt angebracht werden.

(5) Frisch gestrichene Gegenstände auf oder an der Straße müssen, solange sie abfärben, auffallend kenntlich gemacht werden.

Im Steiermärkischen Landes-Straßenverwaltungsgesetzes von 1964, das für Landes- und Gemeindestraßen gilt, wird in § 26(4) verlangt, daß lebende Hecken und Zäune von der Straßengrenze mindestens zwei Meter entfernt sein sollen. Hecken und Zäune sollen weiters die Straße nicht mehr als einen Meter hoch überragen.

Zur Gehölzwertermittlung bei Schadenersatzfällen und für Entschädigungen wird heute allgemein die Methode der „Baumwertermittlung" nach KOCH 1984 angewendet.

8. Der Baum – das grüne Zukunftssymbol

Der Baum als Symbol des Lebens, als „Arbor vitae", liegt in unseren Stadt- und Siedlungsgebieten in Agonie. Er ist von vielen Seiten bedroht, nicht zuletzt durch den Menschen, dem das biologische Verständnis für den Baum verlorengegangen ist. Ernst JÜNGER meint: „Im Grunde sind es ja nicht wir, die den Baum schützen: Er ist es, der uns seinen Schutz gewährt".

Schon daher sollte ganz besonders der Naturschutzbund bei allen größeren Veranstaltungen eine grüne Spur hinterlassen und zur Erinnerung daran einen Baum pflanzen, wie es z. B. beim Alpenverein bereits praktiziert wird. Wir sollten überhaupt jede Gelegenheit nützen, um außer einen Hofbaum zu bestimmten Anlässen Bäume zu pflanzen, sei es zur Hochzeit, sei es zur Geburt eines Kindes oder anläßlich eines Besuches, denn diese grünen Denkmäler dokumentieren unseren Glauben an die Zukunft:

Vielleicht müssen wir erst wieder eine religiöse Beziehung zum Baum, ja zum Leben überhaupt, bekommen, wie es der bekannte Künstler HUNDERTWASSER einmal formuliert hat, damit wir den Baum nicht nur respektieren, sondern ihn auch wie ein Lebewesen behandeln.

Bild rechts: Früher zugemauerte Baumwunden bleiben heute nach fachmännischer Behandlung offen

Bild umseitig: Zuerst stirbt der Baum, dann der Mensch

Franz Tauß

Der Baum in der bildenden Kunst

Kunst als ursprünglicher Ausdruck menschlicher Geistigkeit hat es immer wieder mit der Natur und den Kräften des Kosmos zu tun. Es ist deshalb nicht verwunderlich, daß auch der Baum in der Kunst eine wichtige Rolle spielt.

Der Baum ist eines der Symbole, deren sich der Mensch seit Urzeiten bedient. In nahezu allen Kulturen und Zeitstilen treffen wir ähnliche oder gleiche symbolische Bedeutungen des Baumes an: Leben, Wachstum, Fruchtbarkeit. Seine Gestalt wurde immer wieder mit dem Menschen identifiziert, sein Geäst mit dem des Kosmos.

So wie Bäume das Erscheinungsbild vieler Landschaften prägen, stehen sie auch von der Antike bis zur Gegenwart in verschiedenen künstlerischen Ausdrucksformen in der Malerei, Grafik, Relief- und Objektgestaltung, bis hin zur angewandten Kunst als zentrales Motiv oder als Staffage für Aussagen über Leben und Tod, Liebe und Frieden, Freude und Trauer oder sogar als Anregung für freies bildnerisches Schaffen.

Zwei zeitgenössisch-aktuelle Werke von Claus Staeck (geb. 1938), Deutscher Wald 1984 und Saures Fest 1983 sollen als Beispiele für die Kunst der Gegenwart gelten.

Bei seiner Montage „Deutscher Wald“ mit der Inschrift „Deutscher Wald (regenfest)“ verwendet Staeck als zentrales Motiv den songenannten „Bar Code“ (benannt nach dem Informatiker Bar): Die wie kahle Stämme aussehenden schwarzen Balken (man sieht dieses Zeichen z. B. häufig auf Verpackungen) sind codierte Zahlenreihen, die von Computern gelesen werden können. Man kann damit eine Vielzahl von Informationen verschlüsseln. Diese Balken erscheinen immer häufiger in Karikatur und Satire, wenn es um eine Kritik an der totalen Erfassung des Menschen durch Computer geht.

Die strenge Parallelität, der in der Stärke differenzierten schwarzen Vertikalen assoziieren technische Sauberkeit, Perfektion und „Kunstbaumstämme“. Zur farbig und formal natürlichen und horizontal erscheinenden Landschaft, bildet diese lineare Wand einen aufgesetzten, äußerst hart wirkenden Kontrast, der wirklich aufrüttelt. Um diesen Kontrast und die Nüchternheit der „Baumstamm-Code-Linien“ noch zu steigern, setzt Staeck eine abgerundete und bodenständig alt wirkende Schrift darüber. Dazu kommt noch die provokante Qualitätsbezeichnung „regenfest“, die in schwarzer Sachlichkeit die Allmacht der Wirtschaft und ihre negativen Folgen verkörpert.

Die Inschrift „Saures Fest“, auf der „Waldsterben“ betitelten Postkarte ist als satirische Verfremdung einer Weihnachtspostkarte zu sehen. „Frohes Fest“ steht jährlich für Millionen von Postkarten, die die weihnachtliche Idylle verschneiter Tannenbäume zeigen. Daß dies angesichts des Waldsterbens- wobei die Tanne einer der am meisten gefährdeten Bäume ist – nichts anderes als trivialer Kitsch ist, macht der Künstler mit seiner „Gegenweihnachtspostkarte“ deutlich. Mit einfachen bildnerischen Mitteln zeigt er Widersprüche und Tatsachen auf. Die gespenstisch schwarze Silhouette eines abgestorbenen Waldes und die in goldgelb eingesetzte Textzeile „Saures Fest“ verweisen auf eine der Hauptursachen des Waldsterbens, den sauren Regen. Das Sterben des Waldes beginnt auf Staecks Werk von oben nach unten – vom rechts stehenden „Skelett“, über die links vorhandene „Wirbelsäule“, bis zum unteren Abschluß eines „Skeletthaufens“, der festlich auf die vollständige Auflösung bzw. auf den Tod des Menschen wartet. „Zuerst stirbt der Baum, dann der Mensch“.

Durch Fotomontage, Bildsatire und Verfremdung werden Fragen der Umweltzerstörung, der Ökologie, der politischen und gesellschaftlichen Realität unserer Zeit über das Motiv „Baum“ bewußt gemacht.

Nicht nur in der Vergangenheit, sondern auch heute lebt der Künstler gewissermaßen vom Baum und der Baum vom Künstler!

Quellennachweis
Zu: „Der Baum und die menschliche Psyche“

[1]) Martin Buber – Ich betrachte einen Baum in „Ich und Du“ Verlag Lambert-Schneider, 1979
[2]) Antoine de Saint Exupéry – Die Stadt in der Wüste Karl Rauch Verlag
[3]) (S. 162) Der Mensch und seine Symbole – C. G. Jung und andere Walter-Verlag, 1981, Olten
[4]) Maria Riebl – Sakrament, Fest des Lebens

Literaturverzeichnis
Zu: „Der Baum und die menschliche Psyche“

ARNOLD W., H. J. EYSENCK, R. Meili (Hrsg.): Lexikon der Psychologie Band 1–3, Herderbücherei 1500, Freiburg, 1980

BERNATZKY Aloys: Baum und Mensch Verlag Waldemar Kramer 2. Auflage – Frankfurt a. M., 1976

BETZ Otto: Elementare Symbole Herder Verlag, 1987

BLOCH Peter: Der Baumbesetzer eine Erzählung Verlag am Eschbach, 1984

DUNDE Siegfied Rudolf: Spirituelles Erleben der Natur Die Einheit von Mensch und Natur erfahren Econ Taschenbuch Verlag, 1989

GIONO Jean: Der Mann mit den Bäumen
Theologischer Verlag
Zürich, 1981

GOLLWITZER Gerda: Bäume – Bilder und Texte aus drei Jahrtausenden
Schuler Verlagsgesellschaft
Herrsching, 1980

HAAS Eugen: Der Mensch wie ein Baum
Agentur des Rauhen Hauses
4. Auflage – Hamburg, 1986

HEINZINGER Walter (Hrsg.): Die Chance Holz – Der andere Weg
Universitätsverlag
Leuschner & Lubensky
Graz, 1988

HENTRICH Günter: Vom Trost der Worte
Lebensweisheiten
Herderbücherei, Band 1399, 1987

HENGEL Heinz E.: Heilpflanze Baum
Orac Verlag, 1987

HERRMANN Wolfgang: Mit Bäumen leben
Lahn-Verlag, Limburg, 1984

HÖHLER Gertrud: Die Bäume des Lebens
Goldmann, Taschenbuch, 1988

KARNER Peter, Fuchs Erika: Texte für grüne Christen
Herder, Wien, 1982

KEYSERLING Arnold:	Durch Sinnlichkeit zum Sinn – Metaphysik der Sinne Verlag Bruno Martin Südergellersen, 1986
KÖSTLER Josef Nikolaus:	Wald – Mensch – Kultur Verlag Paul Parey Hamburg – Berlin, 1967
KÜKELHAUS Hugo, Rudolf zur Lippe:	Entfaltung der Sinne Fischer TB Verlag, 1982
MERTENS VON SCHALLER Irene:	Der Baum in der Kunst des 20. Jahrhunderts Verlag Aurel Bongers Recklinghausen, 1985
MOSIMANN Walter:	Kinder zeichnen Verlag P. Haupt Bern und Stuttgart, 1979
NIKEL Ulrike (Hrsg.):	O schöner, grüner Wald Der Wald in Literatur und Kunst Verlag Heyne, München, 1983
RIEBL Maria:	Sakrament, Fest des Lebens Tyrolia, 1986
REICHEIS Käthe, Bydlinski Georg (Hrsg.):	Freundschaft mit der Erde – Der indianische Weg Verlag Herder, 1985

SCHNEIDER Anton:	Wald – Holz – Mensch Neubeuern, 1986
SCHWEIZER Harald (Hrsg.):	. . . Bäume braucht man doch! Das Symbol des Baumes zwischen Hoffnung und Zerstörung Jan Thorbecke Verlag Sigmaringen, 1986
SEIFERT Theodor, Weiblinger Angela (Hrsg.):	Therapie und Selbsterfahrung Kreuz Verlag, 1986
YUTANG Lin:	Weiheit des lächelnden Lebens Rowohlt, Taschenbuch Verlag, 1960

Quellen- und Literaturnachweis
Zu: „Bäume in Mythos, Geschichte und Literatur"

1. *Gottfried Benn,* Gesammelte Werke I. Gedichte; hgg. D. Wellershoff (1960)
2. *Günter Eich,* Ende eines Sommers. Aus: Botschaften des Regens (1961), S. 7
3. *Erich Fried,* Die Hinrichtung, Aus: Warngedichte (Fischer-Taschenbuch-Verlag) 2225) 1980, S. 50
4. *Gottfried Engelhardt,* Das Lebensbaum – Motiv in der Kunst (1974)
5. *Rudolf Fochler,* In den Wipfeln der Bäume. Vom Baum im Brauchtum und Glauben (1985)
6. *Peter Handke,* Der Chinese des Schmerzes (1983)
7. *Theodor Däubler,* Der Baum, Aus: Menschheitsdämmerung. Ein Dokument des Expressionismus (Reclams UB/Leipzig), 404)[2] 1972, S. 177 f.
8. *Gertrud Höhler,* Die Bäume des Lebens: Baumsymbole in den Kulturen der Menschheit (1985)
9. *Renato Jacumin,* AQUILEIA – Il tesoro di luce. Il mosaico pavimentale della prima aula di riunioni del Cristianesimo Aquileiese (1988)
10. *Manfred Lurker,* Der Baum in Glauben und Kunst. Unter besonderer Berücksichtigung der Werke des Hieronymus Bosch (Studien zur deutschen Kunstgeschichte 328), 1960.
11. *Rainer Maria Rilke,* Die Sonette an Orpheus. Erster Teil, I, Aus: Ausgewählte Gedichte (Bibliothek Suhrkamp 184) 1966, S. 136.
12. *Irene Mertens von Schaller,* Der Baum in der Kunst des 20. Jahrhunderts (1985)
13. *Sibylle Selbmann,* Der Baum. Symbol und Schicksal des Menschen. Eine Ausstellung der Badischen Landesbibliothek 4 (1984)
14. *Dies.,* Der Baum. Symbol und Schicksal des Menschen. Ein Vortrag (Schriften der Universitätsbibliothek Marburg 21), 1985.

Schrifttum (Auswahl)
Zu: „Bedrohung, Pflege und Schutz von Baumbeständen in Stadt- und Siedlungsgebieten“

ABGB = Allgemeines Bürgerliches Gesetzbuch. Herausgegeben von SPEHAR H., 1986. 12. Auflage. Wilhelm Goldmann Verlag

BERNATZKY A. 1972.
Grünplanung in Baugebieten. – Wiesbaden

BERNATZKY A. 1973.
Baum und Mensch. – Frankfurt am Main

BERNATZKY A. 1983.
Baumchirurgie und Baumpflege. 2. verb. Aufl. – Frankfurt am Main

BOERNER F. & KOCH H. 1981.
Gehölzschnitt. Das Schneiden der Ziergehölze in Garten und Park. 6. Aufl. – Stuttgart

BUTIN H. 1983.
Krankheiten der Wald- und Parkbäume. – Stuttgart, New York

BUTIN H. & ZYCHA H. 1973.
Forstpathologie. – Stuttgart

DONATH H. 1989.
Erhebliche Verluste bei Hummeln und anderen blütenbesuchenden Insekten durch ausländische Lindenarten (*Tilia tomentosa,* MOENCH, *Tilia euchlora* C. KOCH). – Archiv für Naturschutz u. Landschaftspflege 29: 117–120

FREY K.-H., STOTTELE T. & WEICHERT Ch. 1976.
Bäume sterben leise. Schüler kämpfen gegen den Baumtod. – Weinheim und Basel

GOLLOWITZER G. 1980.
Bäume. Bilder und Texte aus drei Jahrtausenden. – Herrsching

JÜNGER E. & SIEDLER W. J. 1966.
Bäume. – Stuttgart

KOCH W. 1970.
Schadenersatzwerte für Straßen- und Parkbäume. – Z. Versicherungsrecht 21 (33 A): 789–792.

KOCH W. 1972.
Die Wertermittlung von Bäumen nach dem Sachwertverfahren. – Z. allg. Vermessungsnachrichten 76 (6): 229–232.

KOCH W. 1974.
Verbesserte Gehölzwerttabellen. – Z. Versicherungsrecht 25 (45 A): 1154–1160.

KOCH W. 1984.
Aktualisierte Gehölzwerttabellen. Bäume und Sträucher als Grundstücksbestandteile an Straßen, in Parks und Gärten sowie der freien Landschaft. Einschließlich Obstgehölzen. – VVW Karlsruhe

KOZIOL H. & WELSER R. 1988.
Grundriß des bürgerlichen Rechts. Sachenrecht, Familienrecht, Erbrecht. Band II, 8. Aufl. – Wien

KREISSL E., WOLKINGER F. & GEPP J. 1988.

Zum Auftreten von *Corythuca ciliata* (SAY) in der Steiermark und im südlichen Burgenland. – Mitt. Abt. Zool. Landesmuseum Joanneum 41: 39–48.
MALEK J. & WAWRIK H. 1985.
Baumpflege. – Bepflanzung und Pflege von Straßenbäumen. – Stuttgart
MEYER F. H. & Mitarb. 1978.
Bäume in der Stadt. – Stuttgart
NEUMANN B. 1984.
Das Verpflanzen großer Bäume. – Berlin und Hamburg
PLANK S. & WOLKINGER F. 1976.
Rasterelektronenmikroskopische Abbildungen von holzabbauenden Pilzen im Stadtgebiet von Graz. – Mitt. naturwiss. Ver., Steiermark 106: 161–177.
RATZENHOFER A. 1988.
Salzstreuschäden am Baumbestand der Grazer Innenstadt sowie die Wirkung von Natriumchlorid auf Roßkastanienkeimlinge. – Diss. Phil. Fak. Graz
SIEWNIAK M. & KUSCHE D. 1984.
Baumpflege heute. – Berlin, Hannover
STER T. 1985.
Baumpflege. – Landesgruppe Steiermark des ÖNB und Touristenverein „Die Naturfreunde", Landesgruppe Steiermark
STVO = Die neue Straßenverkehrsordnung nach der 14. Novelle (19. Auflage). – ÖAMTC-Fachbuchreihe mit Erläuterungen von P. SOCHE, Wien 1987.
WOLKINGER F. 1972.
Baumpflege in der Gartenstadt Graz. – Natur und Land 85: 75–78.
WOLKINGER F. 1973.
Holzzerstörende Basidiomyceten auf *Aesculus hippocastanum* und *Sophora japonica* im Stadtgebiet von Graz. – Mitt. naturwiss. Ver. Steiermark 103: 205–220.
WOLKINGER F. 1977.
Die Stadt als künstliches Ökosystem.–3. Fachtagung des Ludwig-Boltzmann-Inst. f. Umweltwiss. u. Naturschutz Graz, S 9–40.
WOLKINGER F. 1977.
Vorschläge für Graz. – 3. Fachtagung des Ludwig-Boltzmann-Inst. für Umweltwiss. u. Naturschutz Graz, S 41–50.
WOLKINGER F. & PLANK S. 1975.
Ulmensterben im Stadtgebiet von Graz. – Mitt. naturwiss. Ver. Steiermark 105: 181–199.
WOLKINGER F., PLANK S. & BRUNEGGER A. 1975.
Rasterelektronenmikroskopische Untersuchungen an Rhizomorphen von *Armillaria mellea*. – Phytopath. Z. 352–359.
Steiermärkisches Baumschutzgesetz in Begutachtung. – Steirischer Landespressedienst, S. 5–7; August 1989.

Literaturverzeichnis
Zu: „Der Baum in der bildenden Kunst“

Otto Mazal, Der Baum, Symbol des Lebens Akad. Druck- und Verlagsanstalt Graz 1988
Josef Walch, Bäume (Mythen, Zeichen, Symbole) Vista Point Verlag Köln 1986

Inhaltsverzeichnis

Vorwort 5

Der Baum und die menschliche Psyche 7
Zur Natur des Baumes und zur seelischen
Gestalt des Menschen 7

Der Baum als Symbol 9
Der Baum als Geschöpf 13
Der Baum und die menschliche Identifikation . . 15
Der Baum und die Sinne des Menschen 18
Vom Sehen und Erschauen 19
Vom Tasten und Spüren 20
Vom Riechen und Schmecken 20
Vom Hören, Horchen und Klingen 21
Der Baum und sein Heil für den Menschen 23
Der Baum und die Selbsterkenntnis
des Menschen 26
Der Baum und er menschliche Kontakt 29
Ausblick und Zusammenfassung 31
Bäume im Mythos, Geschichte und Literatur 35

Bedrohung, Pflege und Schutz von Baumbeständen in Stadt- und Siedlungsgebieten 54
1. Einleitung 54
2. Bedrohungen durch den Menschen 56
2.1. Zuwenig Bodenumwelt 57
2.2. Streusalz- und Gasbelastung 59
2.3. Ohne Stammschutz kein Überleben 62
2.4. Kronenschutz und Kronenpflege 65
3. Bedrohungen durch biologische Faktoren . . 68
3.1. Holzzerstörende Pilze 68
3.2. Blattbräune der Roßkastanie 69

3.3. Ulmensterben 71
3.4. Weymouthkiefer-Blasenrost 73
3.5. Platanenkrankheiten 74
3.6. Edelkastanien-Rindenkrebs 78
3.7. Mistel- und Eichenriemenmistel-Befall 80
4. Bedrohungen durch abiotische Faktoren . . . 81
5. Allgemeine Pflegemaßnahmen 83
6. Neupflanzungen 87
7. Gesetzlicher Baumschutz 90
8. Der Baum – das grüne Zukunftssymbol . . . 96
Der Baum in der Bildenden Kunst 97
Literatur und Quellenverzeichnis 100